O Guia Completo sobre os Labradores Retrievers

Joanna de Klerk

Para informações, contate LP Media Inc., 30012 Variolite St NW, Princeton, MN 55371

www.lpmedia.org

Dados de Publicação

Joanna de Klerk

O Guia Completo sobre os Labradores Retrievers ---- Primeira edição.

Resumo: "Criando com sucesso um Labrador Retriever desde filhote até a idade avançada" --- Fornecido pela editora.

ISBN: 979-8-89818-023-2

[1.Labrador Retrievers --- Não-Ficção] I. Título.

Design por Sorin Rădulescu

Primeira edição em português, 2025

SUMÁRIO

AGRADECIMENTOS

CAPÍTULO 1
Visão Geral da Raça 10
Sobre a Raça 11
Aparência 13
Expectativa de Vida 14
Personalidade 15
Dentro de Casa 16
Fora de Casa 18
Custos de Manter um Labrador Retriever 19

CAPÍTULO 2
História da Raça 22
Origem da Raça 22
Genética 24
Padrões Históricos 26
Labradores Retrievers Famosos na História 27

CAPÍTULO 3
Comportamento 32
Temperamento 32
Necessidades de Exercício 35
Importância da Socialização 36
Capacidade de Adestramento 37
Ansiedade de Separação 39
Roer 40
Hiperatividade 43

CAPÍTULO 4

Como Escolher um Labrador Retriever 44
Comprar ou Adotar? 45
Pesquisando o Estabelecimento. 47
Pergunte sobre o Padreador e a Matriz 49
Observando o Filhote 51
Considerações sobre um Cão Resgatado 53

CAPÍTULO 5

Preparativos para Receber um Novo Cão 56
Preparando Sua Casa 57
Lista de Compras 60
Apresentando Seu Novo Labrador Retriever a Outros Cães 65
Apresentando Seu Novo Labrador Retriever a Crianças 67

CAPÍTULO 6

Adestramento 69
Adestramento Sanitário . . . 71
Como Ensinar o Comando "Senta" 74
Como Ensinar o Comando "Fica" 76
Como Ensinar o Comando "Deita". 77
Como Ensinar a Andar na Guia 78
Como Ensinar a Andar Sem Guia 79
Agility e Flyball 81

CAPÍTULO 7

Viajando 82
Preparativos para a Viagem 83
Viajando de Carro. 85
Viajando de Avião . . . 86
Hospedagem de Férias 89
Deixando Seu Labrador Retriever em Casa 89

CAPÍTULO 8

Nutrição 92
Importância da Nutrição 93
Alimentos Comerciais 94
Rótulos de Alimentos para Pets 95
Dietas BARF e Caseiras. 98
Monitoramento de Peso. 100
Suplementos Alimentares. 101

CAPÍTULO 9

Cuidados com os Dentes 102

Importância dos Cuidados com os Dentes 102

Anatomia Dental 103

Acúmulo de Tártaro e Gengivite 104

Epúlide 104

Cuidados Bucais 105

Procedimentos Odontológicos 107

CAPÍTULO 10

Cuidados com a Pelagem 108

Sobre a Pelagem 108

Saúde da Pelagem 109

Corte das Unhas 112

Limpeza das Orelhas 113

Glândulas Anais 114

CAPÍTULO 11

Medicina Veterinária Preventiva 116

Escolhendo um Veterinário 117

Vacinações 119

Microchipagem 121

Parasitas Externos 121

Parasitas Internos 123

Castração 123

Plano de Saúde Pet 124

CAPÍTULO 12

Problemas de Saúde do Labrador Retriever 126

Doenças Cardíacas 126

Doenças Dermatológicas 128

Doenças Endócrinas 129

Problemas Digestivos 131

Doenças Ortopédicas 132

Tumores 136

Doenças Neurológicas 138

Doenças Oculares 139

Doenças Urinárias 140

Doenças Respiratórias 140

CAPÍTULO 13

Trabalho 142

Trabalho no Campo 143

Cães de Assistência para Pessoas com Deficiência 146

Busca e Resgate 149

Cães de Polícia e Forças Armadas 149

CAPÍTULO 14

Reprodução 151

Decidindo sobre a Reprodução 151

Acasalamento 151

Gravidez 153

Parto 154

Cuidados Pós-parto 155

Criando Filhotes 156

CAPÍTULO 15

Exposições 159

Selecionando um Cão para Exposições 159

Padrões da Raça 162

Introdução ao Padrão Brasileiro 164

    Padrão FCI para o Labrador Retriever 164

    Aparência Geral 164

    Comportamento e Temperamento 164

    Cabeça 164

    Pescoço 165

    Corpo 165

    Cauda 165

    Membros 166

    Movimentação 166

    Pelagem 166

    Cor 166

    Tamanho 166

    Faltas 168

    Faltas Eliminatórias 168

    Exames de Saúde 168

    Foco na Avaliação 168

Depois de Selecionar Seu Filhote 169

Preparando-se para uma Exposição 169

CAPÍTULO 16

Convivendo com um Cão Idoso 172
Dieta 173
Exames de Saúde para Cães Idosos 174
Artrite Avançada 175
Demência 177
Deterioração dos Órgãos 177
Perda dos Sentidos 179
Controle da Bexiga 180
Dizendo Adeus 181

AGRADECIMENTOS

A todos os tutores de Labradores: eu não estaria fazendo o que faço se não fosse por vocês! Na minha linha de trabalho clínico, tenho um interesse especial pelo manejo da dor. Quando me formei, via muitos Labradores idosos e enrijecidos entrarem no meu consultório, e ficava frustrada porque não conseguia oferecer um alívio suficiente para a dor deles. Foi isso que me levou a estudar sobre alívio da dor em animais de estimação na pós-graduação, além de aprender a fazer Acupuntura Ocidental. A maioria dos meus pacientes ainda são cães idosos com artrite, muitos dos quais são Labradores, e, portanto, desenvolvi um carinho especial pela raça.

Também gostaria de agradecer à minha editora de longa data, Clare Hardy. Ela trabalhou comigo nos bastidores de muitos desses livros, e sua contribuição é absolutamente inestimável. Obrigada por todo o trabalho duro e esforço que você dedicou para me ajudar a transformar esses livros no que eles são! Eu não conseguiria ter feito isso sem você!

CAPÍTULO 1
Visão Geral da Raça

É fácil entender por que o Labrador Retriever é o cachorro favorito do mundo! Eles parecem ter quase todas as qualidades positivas que alguém pode imaginar. O Labrador é inteligente, adestrável, tem um estoque de energia ilimitada e, acima de tudo, é dócil com humanos de todas as idades. Embora tenham sido originalmente criados como cães de trabalho, não demorou muito para que eles se tornassem membros leais e fofos de muitas famílias.

Se você está pensando em adicionar um Labrador Retriever à sua casa, este livro vai te apresentar todos os fundamentos para entender a raça e garantir que você saiba atender às necessidades do seu cão.

Foto cortesia de Christianna Legner

Foto cortesia de
Michael Waters

Sobre a Raça

"Um Labrador Retriever deve ser ativo (mas não hiperativo), fácil de adestrar, e deve se dar bem com adultos, crianças e outros cães. Eles devem amar estar na água e buscar objetos. E devem ter a característica marcante da raça: uma expressão gentil, que derrete nosso coração."

Tiffany Ginkel
Cedar Ranch Labrador Retrievers

Qualquer pessoa que já conviveu com um Labrador Retriever pode confirmar que, se houver água por perto, ele vai querer ir até lá. Isso porque a raça foi originalmente criada como cão de trabalho para recuperar peixes para pescadores na província canadense de Terra Nova. Com uma pelagem impermeável e patas com membranas, os Labradores tiveram sucesso em suas funções semiaquáticas. Altamente inteligentes, animados e fortes, eles também se tornaram uma raça de cães de trabalho muito valorizada por caçadores. Mas é a personalidade adorável e a natureza gentil que fazem dos Labradores os cães de família perfeitos e, provavelmente, a raça mais adaptável como ajudantes e companheiros para humanos.

*Foto cortesia de
Geoffrey Rhoades*

Aparência

O Labrador Retriever é um cão de pelo curto e brilhante, de porte médio a grande, com três cores reconhecidas: preto, amarelo e chocolate.

Os Labradores originais eram quase sempre pretos. O gene para a cor preta é dominante sobre as cores amarela e chocolate, que às vezes são chamadas de dourado e fígado. Nos primeiros anos, amarelo e chocolate eram vistas como "cores fora do padrão" e eliminadas da reprodução ou, às vezes, sacrificadas. Hoje, as três cores são igualmente reconhecidas pela CBKC, embora o Labrador preto seja mais comumente visto no trabalho de campo. Os Labra-dores atuais geralmente têm uma única cor sólida. No entanto, nos primeiros anos da raça, alguns tinham patas brancas e focinho branco, áreas que tendem a ficar grisalhas em Labra--dores idosos.

Apesar de parecer uma raça grande, já que um Labrador Retriever saudável é robusto e bem musculoso, eles são classificados como médio--grandes. Segundo o padrão da CBKC/FCI, os machos devem ter altura ideal de 56-57 cm na cernelha, enquanto as fêmeas devem medir 54-56 cm. As fêmeas são ligeiramente menores que os machos. O peso ideal para machos é de 30-35 kg e para fêmeas é de 25-30 kg. O Labrador tem um apetite notoriamente voraz e é propenso a ganhar peso, especialmente se não se exercitar o suficiente. Por isso, o tutor de um Labrador deve sempre ter cuidado especial para não deixar seu cão se tornar obeso, o que pode levar a muitos problemas de saúde.

A pelagem repelente à água do Labrador é certamente uma vantagem, pois, por mais atraído que ele seja pela lama e pela água, a pelagem pode ser facilmente lavada com mangueira ou escovada, e requer apenas cuidados mínimos. No entanto, o Labrador troca de pelo duas vezes por ano, na primavera e no outono, e solta bastante pelo durante todo o ano. Isso ocorre porque eles têm uma pelagem dupla, o que significa que há uma subcamada isolante para protegê-los do frio. Apesar de isso ser ótimo para garantir o conforto deles ao ar livre, não é tão bom para os móveis dos tutores! Isso também significa que um Labrador pode não ser adequado para você se houver pessoas alérgicas na família. Escovar seu cão ao ar livre todos os dias ajudará a garantir que ele traga o mínimo possível de pelos soltos para dentro de casa.

Claro, além da boa aparência dos Labradores, também precisamos falar sobre a personalidade radiante deles, que se reflete nos olhos castanhos vivos e sorriso característico da raça. Com essas características, fica fácil relevar um pouco de pelo no tapete!

Expectativa de Vida

A expectativa de vida de um Labrador Retriever é de 10-14 anos, com uma média de cerca de 12 anos. Labradores chocolate tendem a ter uma expectativa de vida ligeiramente menor, de cerca de 10 anos. De acordo com estudos*, isso ocorre porque o gene chocolate é recessivo, o que significa que ambos os cães reprodutores precisam ser portadores do gene para produzir filhotes chocolate. Isso resultou em um pool genético menor e, com menos diversidade genética, vem uma maior tendência a doenças genéticas. Embora o gene amarelo também seja recessivo, a maior popularidade dessa cor expandiu o pool genético, então eles são menos afetados. Mas como com qualquer cão de pedigree, você deve procurar pais com pedigrees que mostrem o mínimo possível de endogamia, para garantir chances maiores do seu cão ter uma vida longa e saudável.

Se você está comprando um Labrador filhote, precisa considerar as possíveis mudanças que podem ocorrer na sua própria vida ao longo do

Foto cortesia de Jillian Torres

tempo estimado de vida dele. Reflita se você pode se comprometer a cuidar do seu cão por toda a vida dele.

[*McGreevy, P.D., Wilson, B.J., Mansfield, C.S. et al. Labrador retrievers under primary veterinary care in the UK: demography, mortality and disorders. Canine Genet Epidemiol 5, 8 (2018).] *Tradução do título em português: "Labradores Retrievers sob cuidados veterinários básicos no Reino Unido: demografia, mortalidade e doenças".*

Personalidade

"Os Labradores são muito ligados às pessoas e não se dão bem como cães 'de quintal' (que são deixados sozinhos lá fora). Eles precisam fazer parte da sua família e da sua vida cotidiana."

Neil e Jodi Martin
Carriage Hill Labradors

O Labrador Retriever é um cão cheio de energia, com disposição para trabalhar duro, e inteligente, capaz de se adaptar bem a qualquer demanda. Eles gostam de agradar e seguir suas instruções, e isso torna a convivência com um Labrador Retriever extremamente prazerosa, pois o amor que você dedica ao seu pet é retribuído com lealdade e devoção inabaláveis. Por serem facilmente adestráveis, os Labradores são excelentes cães de trabalho, além de membros tranquilos da família. No entanto, para aproveitar ao máximo seu melhor amigo, é importante adestrá-lo.

O Capítulo 3 deste livro aborda com mais detalhes o comportamento de um Labrador Retriever. É importante ressaltar que, embora exista uma personalidade padrão aceita para a raça, variações surgem por muitas razões. No caso do Labrador, muitas pessoas dizem que cada cor tem uma personalidade distinta. Por exemplo, o Labrador preto, tão comum no campo, é considerado um caçador paciente e determinado. O Labrador amarelo é visto como um cão de família de natureza doce, e o Labrador chocolate é considerado mais independente que os outros. Na realidade, o gene da cor em si não influencia a personalidade do Labrador, mas a reprodução para obter características específicas pode acabar gerando essa variação. Assim, como o Labrador preto foi mais valorizado como cão de trabalho, ele foi selecionado e criado por seu comportamento ativo e focado. Por outro lado, à medida que o Labrador amarelo foi se tornando o favorito para viver com famílias, esse padrão de cor foi sendo seletivamente criado para garantir um temperamento mais tranquilo e dócil.

A outra circunstância que pode afetar a personalidade de um Labrador é, infelizmente, causada por humanos. Se você está adotando um cão mais velho, que foi resgatado, as experiências anteriores dele podem ter minado a confiança e o tornado medroso e, em casos raros, agressivo. Ou talvez ele nunca foi adestrado do jeito certo. Portanto, com um cão resgatado, você precisará se esforçar para criar um vínculo e revelar a verdadeira personalidade dele. Considerando que eles são uma raça inteligente e dócil, sempre há uma chance boa de conseguir reabilitar um Labrador e dar a ele um novo começo.

Um Labrador Retriever encherá sua casa de alegria e diversão. Seu Labrador será como um amigo em quem você pode confiar, pois seu amor sincero e incondicional faz tudo valer a pena no fim do dia.

Dentro de Casa

O Labrador Retriever é um cão de porte médio-grande e, com uma natureza exuberante, pode preencher facilmente um espaço (tanto fisicamente quanto metaforicamente!). Essa não é uma raça adequada para apartamentos, pois precisa de espaço interno e externo. Se seu Labrador não tem outra opção a não ser viver em um apartamento, porque é um cão de serviço, por exemplo, ele terá recebido treinamento especial para lidar com isso, mas ainda precisará de bastante exercício para seu bem-estar físico e mental.

Foto cortesia de Tanya De La Garza

Se você está comprando um filhote, tenha em mente o tamanho que seu Labrador terá quando crescer. Se essa é sua primeira experiência com a raça, pode ser uma boa ideia convidar um amigo que tenha um Labrador adulto ou cão de tamanho semelhante para a sua casa, para você ter uma ideia do efeito que um cão grande terá no espaço. Se você mora sozinho e isso provavelmente não vai mudar, pode haver espaço suficiente para você e um Labrador cheio de energia em uma casa de tamanho médio. Por outro lado, se você tem uma família grande, precisa pensar no espaço que o Labrador ocupará e o efeito que isso terá no espaço disponível para as crianças brincarem, na área de convivência e no espaço de trabalho de outros adultos em casa. Claro, seu cão não precisa necessariamente ter acesso à casa inteira, desde que os cômodos que ele pode acessar sejam grandes o suficiente e seguros. Apesar de ser uma questão de preferência pessoal, você deve refletir bem sobre isso antes de se comprometer a compartilhar sua casa e os próximos 12 anos de sua vida com um cão grande e agitado.

Como já falamos aqui, embora o Labrador Retriever tenha pelo curto, ele solta pelos, então você deve estar preparado para ter pelos e caspa em casa. As caspas são pequenos flocos de pele que todos os animais soltam, e é particularmente alergênica. Existem muitos aspiradores de pó feitos especificamente para casas com animais de estimação. Eles têm maior poder de sucção e filtros HEPA para ajudar a manter a casa livre de pelos e alérgenos, e valem o investimento. Pisos duros são uma vantagem em relação a carpetes e tapetes, pois são de fácil limpeza, não abrigam pulgas e não absorvem a urina ou as fezes que seu cão pode acabar fazendo antes de concluir o adestramento sanitário. Se você tem carpetes, pode ser uma boa ideia ter uma máquina de lavar carpetes. Móveis de couro são de fácil limpeza e não atraem pelos como revestimentos de tecido.

Infelizmente, o Labrador não é adequado para pessoas com alergias graves, já que sua caspa e a troca de pelos da subcamada podem causar reações. Antes de optar por um Labrador Retriever, também é importante considerar se alguém que visita sua casa com frequência, como parentes, é alérgico a cães. Como o Labrador é a raça mais popular de cão de serviço, ele foi cruzado com o Poodle, que tem uma pelagem que não solta pelos, para produzir o Labradoodle para aqueles com alergias e que precisam de um cão de serviço. No entanto, não há como garantir que um Labradoodle seja hipoalergênico, e ele pode ser menos confiável que um Labrador.

Não há como negar: quando se trata de odor canino, o Labrador Retriever é conhecido por ter um cheiro particularmente forte. Isso se deve à sua espessa pelagem dupla que retém os odores naturais de cachorro. Muitas pessoas não têm problemas com o cheiro característico do Labrador e podem até achá-lo bastante cativante. Em casa, você provavelmente vai se acostumar rapidamente com o cheiro, mesmo que suas visitas não se acostumem. Por outro lado, muitos Labradores adoram rolar em qualquer coisa desagradável que encontrem ao ar livre, o que pode trazer odores muito fortes para sua casa. Outros cheiros para os quais você deve estar preparado incluem gases, que geralmente se devem a uma dieta inadequada, glândulas anais, que às vezes podem ficar entupidas e liberar uma secreção fétida, e acidentes durante o adestramento sanitário. Se você é particularmente sensível a cheiros desagradáveis dentro de casa, o Labrador pode não ser o cão para você!

Se você considerou o impacto de compartilhar a casa com um Labrador e decidiu que os benefícios que seu amigo de quatro patas trará superam os pequenos sacrifícios, não há dúvida de que um Labrador transformará sua casa em um verdadeiro lar!

Fora de Casa

Com um Labrador Retriever, o ideal é que você tenha seu próprio quintal. Se você não tem um quintal, precisará de acesso a um espaço seguro imediatamente fora de sua casa para que ele faça as necessidades, além de fazer vários passeios durante o dia para compensar a falta de um quintal. Um quintal totalmente cercado e seguro é ideal porque você pode transformá-lo em um espaço externo relaxante, onde seu cão pode ficar sem guia e desfrutar do ar fresco.

O Labrador Retriever é uma raça atlética, então você deve garantir que a cerca ou muro do seu quintal sejam altos o suficiente para impedir que ele pule para fora, com pelo menos 1,80 metros de altura e sem buracos ou lacunas. Também devem ir até o chão, caso você tenha um filhote que pode tentar se espremer por baixo. Além disso, se você tem um Labrador que cava, deve supervisioná-lo do lado de fora de casa para evitar que ele faça túneis sob a cerca. Redirecione o instinto de escavação do seu cão fornecendo uma caixa de areia com petiscos enterrados para que ele tenha uma área onde possa exercitar seus instintos e deixe seu jardim em paz!

Se você está adotando um cão de um abrigo, provavelmente passará por uma inspeção domiciliar, independentemente de já ter tido cães ou não. Se essa é sua primeira experiência como tutor ou tutora de cães, a inspeção domiciliar é a oportunidade ideal para ter o espaço externo da sua casa avaliado por alguém experiente. O inspetor fará sugestões se vir partes de cerca quebradas, outras rotas de fuga ou objetos perigosos. Isso não significa que seu pedido de adoção será recusado, mas você precisará corrigir esses problemas antes de trazer seu cão resgatado para casa.

Se você está comprando um filhote e nunca teve um cão antes, provavelmente não terá uma inspeção domiciliar, embora alguns criadores gostem de verificar os lares para onde os filhotes irão. Outra opção é pedir a um amigo com experiência em cães para inspecionar seu quintal para ter certeza de que você não esqueceu nada. Mais conselhos sobre como preparar sua casa e jardim podem ser encontrados no Capítulo 5.

O Labrador Retriever foi criado para trabalhar ao ar livre e tem altas necessidades de exercício, então seu cão também precisa de acesso a espaços abertos onde possa correr e explorar. Para permitir que ele desfrute com segurança dessa liberdade, é importante que ele seja bem adestrado para retornar ao ser chamado. Falaremos mais sobre adestramento no Capítulo 6.

Os cães adoram passeios familiares tanto quanto gostam de descobrir novos lugares. Seu Labrador ficará muito feliz em verificar todos os cheiros que existem no território dele. A saúde física e mental do seu cão depende de ele passear, especialmente se você mora em um lugar sem um quintal ou jardim. Você deve tomar precauções para garantir a segurança dele em espaços públicos. Sempre o mantenha na guia perto de ruas, avenidas e pontos perigosos, como rios de correnteza rápida ou beiras de penhascos, ou onde ele possa intimidar crianças ou invadir piqueniques alheios. Seu cão também deve usar uma coleira com uma placa de identificação e, idealmente, ser microchipado, o que é uma exigência legal em alguns países. Certifique-se de manter seus dados atualizados junto à empresa do microchip para que seu cão possa ser devolvido a você caso ele se perca.

Custos de Manter um Labrador Retriever

O primeiro custo envolvido na aquisição de um Labrador Retriever é o preço do cão e, por ser uma raça de pedigree, será relativamente alto. Em média, espere pagar R$ 2.500-R$ 10.000 por um Labrador Retriever com pedigree registrado. Embora seja possível achar cães por um preço mais baixo, um cão sem documentos pode ser resultado de reprodução eventual ou inexperiente, ou uma operação para ganhar dinheiro, que ignora o bem-estar dos cães. Portanto, um filhote de Labrador "barato" provavelmente terá mais problemas de saúde no futuro. Por outro lado, se você está adotando um cão resgatado de um abrigo, esses cães não são gratuitos. Geralmente, é preciso pagar uma taxa de adoção, que pode estar na faixa de R$ 100-R$ 500. Essa taxa serve para cobrir os custos gerais envolvidos no resgate, como castração, vacinações, microchipagem, acolhimento, acomodação, alimentação, transporte e administração. Além disso, ela garante que ninguém use um abrigo como um lugar para pegar um cão gratuito para rinhas ilegais, reprodução ou revenda.

A manutenção de um Labrador Retriever é bastante cara devido ao tamanho e possíveis problemas de saúde da raça. Falamos sobre cuidados veterinários preventivos no Capítulo 11, e o plano de saúde veterinário é fortemente recomendado desde o início, especialmente para um Labrador. Por outro lado, alguns tutores preferem reservar uma quantia regular para gastos veterinários imprevistos. Se esta for sua escolha, esteja ciente de que os custos veterinários para um Labrador podem chegar a milhares de reais, e ficar sem dinheiro em um momento crítico, onde a vida do seu cão está em jogo, pode forçar você a tomar decisões muito difíceis. Você também terá outros custos rotineiros, como tratamentos antiparasitários e vacinações anuais, que devem entrar no orçamento. Algumas clínicas veterinárias oferecem planos mensais para ajudar a orçar custos regulares de saúde para seu cão.

*Foto cortesia de
Debbie Wilson*

No dia a dia, o custo de alimentar seu Labrador Retriever será maior que a média, porque ele é grande e cheio de energia. Além disso, como a raça é predisposta a problemas articulares e outros problemas de saúde conforme envelhece, você precisa garantir que ele tenha uma dieta de alta qualidade. Falamos sobre nutrição no Capítulo 8. Quando você tiver uma ideia de qual tipo de alimento deseja oferecer ao seu cão, vale a pena calcular a quantidade que você daria a um Labrador adulto de acordo com as diretrizes do fabricante, para chegar a um custo mensal. Não se esqueça de que seu cão merece um petisco de vez em quando, especialmente durante o adestramento, então inclua isso no orçamento também.

Se seu Labrador é seu primeiro cão, você precisará investir em alguns itens iniciais. À medida que ele crescer, desgastar ou destruir sua caminha, caixa de transporte, peitoral, brinquedos, guias etc., você precisará substituí-los. O Capítulo 5 listará as coisas que você precisa ter para seu novo cão.

Ter um Labrador abre um leque de atividades que você e seu cão podem fazer. Muitas são gratuitas, e outras exigem taxas de aula, matrícula, equipamentos ou outros serviços. O adestramento de cães é a primeira atividade que todo novo tutor precisa implementar. Se você já teve cães, pode estar confiante de que pode adestrar seu Labrador sozinho, e damos algumas dicas sobre isso no Capítulo 6. Vídeos online também são um excelente recurso de treinamento. No entanto, participar de aulas de adestramento proporciona muita troca de informações e apoio, além da valiosa oportunidade de socializar seu cão. Essas aulas costumam ter uma taxa, mas vale a pena. Da mesma forma, outras atividades que seu Labrador pode gostar, como aulas de Agility e sessões de Flyball, envolverão uma taxa e possivelmente alguns equipamentos adicionais. Se você planeja competir em um nível mais alto, também haverá custos a mais. E se você deseja exibir seu cão, precisará estar preparado para pagar taxas de inscrição, custos de viagem e todas as despesas envolvidas para manter a aparência dele em ótimas condições. Falaremos sobre isso no Capítulo 15.

Portanto, embora a manutenção de um Labrador Retriever seja mais cara do que a média, muitas despesas são opcionais, e você pode manter os custos baixos. Você não precisa ser rico para ter um Labrador Retriever, desde que as despesas atuais e futuras tenham sido orçadas. Tudo o que importa para seu Labrador é que ele esteja confortável, bem alimentado, bem exercitado, sem dores e que tenha companhia humana por boa parte do dia, com a oportunidade de encontrar outros cães também. Se você puder garantir a ele esses requisitos básicos, terá um amigo leal e amoroso por muitos e muitos anos!

CAPÍTULO 2
História da Raça

Origem da Raça

Labrador é uma região no Canadá, e seria lógico pensar que o Labrador Retriever surgiu lá. No entanto, para ser mais específico, os primeiros ancestrais do Labrador surgiram em Terra Nova (também no Canadá) por volta de 1500. Mas já existia uma raça distinta chamada Terra Nova, que era maior que o Labrador, com o rabo mais elevado. Assim, nos primórdios, o Labrador era conhecido como Cão de São João ou Terra Nova Menor, e foi resultado do cruzamento do Terra Nova com pequenos cães d'água para criar um cão de trabalho ágil para os pescadores canadenses. Assim como a raça que conhecemos hoje, os primeiros Labradores tinham patas com membranas interdigitais e pelagem impermeável. Seu rabo grosso e afilado (chamado "cauda de lontra") servia como um poderoso leme. Por isso, eles tinham bom desempenho na água fria, recuperando peixes que haviam caído dos anzóis ou trazendo as redes.

Foto cortesia de
Lisa Higbee

Os Cães de São João eram vistos como trabalhadores que prosperavam em sua função e trabalhavam com entusiasmo até além do ponto de exaustão. Mas eles também conquistaram um lugar nas famílias, já que os pescadores os levavam para casa para brincar com as crianças. Assim, as características de um cão verdadeiramente versátil já eram evidentes nos ancestrais do Labrador, mesmo há muitos séculos.

Foi somente no século XIX que o Labrador ganhou maior atenção, quando o Segundo Conde de Malmesbury viu a raça em ação em Terra Nova e os levou para Heron Court em Poole, Inglaterra, para uso na caça de aves aquáticas. Outros aristocratas que promoveram a raça Labrador foram o Décimo Conde de Home e seus sobrinhos, o Quinto Duque de Buccleuch e o Lorde John Scott, que viram o potencial do Labrador como cão de caça. Com o avanço do século XIX, os sucessivos herdeiros das famílias continuaram a criar e refinar o Labrador, com o nome sendo cunhado pelo Terceiro Conde de Malmesbury na década de 1880, já que Labrador e Terra Nova eram vistos pelos britânicos como a mesma massa de terra naquela época.

Três dos Labradores originais do Sexto Duque de Buccleuch foram dados a ele pelo Terceiro Conde de Malmesbury, depois que o Duque ficou extremamente impressionado com os Labradores do Conde durante uma caçada em Dorset. O Canil de Labradores do Duque em Langholm, na fronteira escocesa, acabou se tornando o maior da Grã-Bretanha, com o melhor das linhagens Malmesbury e Buccleuch sendo cruzadas para produzir um pedigree forte e rigorosamente mantido, até os dias de hoje:

"As principais características do Labrador Buccleuch tradicional são um bom faro, uma boca delicada e um temperamento inteligente e corajoso. A cabeça deles costuma ser mais curta que a média dos Labradores; eles têm uma pelagem dupla espessa e frequentemente possuem a 'cauda de lontra'. A linhagem pura só pode gerar filhotes pretos."

[Fonte: www.drumlanrigcastle.co.uk]

Em 1903, o Labrador foi reconhecido pelo Kennel Club inglês, e, em 1917, o American Kennel Club (AKC) seguiu o exemplo ao registrar seu primeiro Labrador Retriever. No Brasil, a raça é reconhecida pela Confederação Brasileira de Cinofilia (CBKC), sucessora dos convênios do Brasil Kennel Club fundado em 1922.

De volta ao Reino Unido, o Canil Buccleuch sofreu um declínio na primeira metade do século XX, por várias razões, incluindo os anos de guerra. No entanto, o programa de reprodução foi restabelecido nos anos pós-guerra e, em diversos continentes, o Labrador Retriever chegou ao topo dos registros em clubes de cinofilia, tornando-se oficialmente a raça mais popular em muitos países.

Genética

A genética do Labrador Retriever fica mais evidente em suas três cores distintas: preto, amarelo e chocolate. Para chegar a essas colorações, todo Labrador Retriever carrega uma combinação de quatro genes principais. Esses genes são dos tipos *B* e *E*, e compreendem um *B* maiúsculo e um *b* minúsculo, e um *E* maiúsculo e um *e* minúsculo. Um Labrador pode ter diferentes combinações dessas variações de letras.

É fácil entender os genes *B* se pensarmos que eles representam as cores preto (do inglês "*Black*") e marrom (do inglês "*Brown*"). O *B* maiúsculo contém uma instrução para produzir muita cor, resultando em uma pelagem preta, enquanto o *b* minúsculo contém uma instrução para menos cor, o que gera uma pelagem marrom. Mas o *B* maiúsculo é um gene dominante, então ele se sobrepõe ao *b* minúsculo. Consequentemente, combinações do tipo *BB* e *Bb* resultam em preto, e a combinação *bb* resulta em marrom.

Mas e os Labradores amarelos? É aí que entram os genes *E*. O Labrador também herda um par desses genes. O *E* maiúsculo é dominante, mas não afeta a cor. Por outro lado, o *e* minúsculo "desliga" a cor. Então, se um Labrador herdar dois *e* minúsculos, ele será amarelo.

Foto cortesia de
Ashleigh Greule

Há um último conjunto de genes, os genes *D*, que significam Diluição. Se um Labrador herda dois genes *d* minúsculos recessivos, sua pelagem fica mais clara. É por isso que, às vezes, encontramos Labradores nas cores carvão, champanhe e prata.

A CBKC reconhece apenas preto, chocolate e amarelo como as cores oficiais do Labrador. No entanto, às vezes ocorrem variações de tonalidade. Há um pouco de incerteza sobre o porquê disso. Alguns argumentam que é devido à presença de um gene *dd* recessivo (*D* significando Diluição). No entanto, como o Labrador não é considerado um portador natural do gene *dd*, alguns afirmam que é o resultado de cruzamentos, talvez realizados décadas atrás. Outra explicação para cores de pelagem mais claras é que o gene *ee* pode agir mais como um dimmer de luz do que como um interruptor liga-desliga. Labradores prata e champanhe são certamente bonitos, mas não são aceitos como raças puras pela CBKC, que reconhece apenas as cores preto, amarelo (do creme claro ao vermelho raposa) e fígado/chocolate em suas várias tonalidades.

Com exceção dos Labradores amarelos, nunca sabemos quais genes recessivos um Labrador carrega, então todas as cores podem aparecer em uma ninhada. Claro, criadores experientes terão uma boa ideia dos genes recessivos presentes em seus cães e uma noção razoável das cores que os filhotes podem ter.

Qualquer que seja a combinação de genes de cor transmitida ao filhote de Labrador, uma coisa é certa: ele certamente herdará a mistura especial de inteligência, vivacidade e afeto que é a marca registrada da raça.

Padrões Históricos

Durante os primeiros anos da raça, quando o Labrador ainda era conhecido como Cão de São João e trabalhava em águas canadenses, não havia um padrão de raça como conhecemos hoje. Mas eles eram criados para ter certas qualidades práticas: uma pelagem curta, densa e impermeável, patas com membranas interdigitais, uma "cauda de lontra" e entusiasmo para trabalhar. Ainda vemos esses atributos nos Labradores de hoje, embora nossa atitude em relação à cor tenha mudado. Como já observado, os primeiros cães eram todos pretos, e "cores fora do padrão" eram frequentemente sacrificadas. Mas enquanto as cores preto, amarelo, chocolate e variantes diluídas de hoje são principalmente sólidas, o cão de São João às vezes tinha focinho e patas brancas.

Uma das primeiras observações sobre as qualidades que fizeram do Labrador uma adição tão promissora aos canis de caça ingleses foi feita pelo Coronel Peter Hawker, um célebre diarista, autor e esportista. O Coronel Hawker visitou Terra Nova em 1814 e descreveu o Cão de São João como tendo um excelente olfato, flexibilidade no campo e velocidade. Em seu relato, ele disse que a raça era:

"...mais frequentemente preto do que qualquer outra cor e um pouco maior do que um Pointer. Ele é relativamente longo em relação à cabeça e ao focinho; peito bem afundado; tem boas pernas; sua pelagem é curta ou macia, sua cauda não é tão curvada, e é extremamente ágil e ativo na corrida e na natação ... A raça de São João desses cães é usada principalmente na costa nativa deles por pescadores. O olfato deles é inacreditável. A habilidade de faro deles ... parece quase impossível ... Para achar presas abatidas de diferentes tipos, não há outro igual entre as raças caninas; e ele é indispensável na caça de aves aquáticas."

(Fonte: Hawker, P. 1830, Instructions to Young Sportsmen in All That Relates to Guns and Shooting [Instruções para Jovens Esportistas em Tudo que se Relaciona a Armas e Tiro])

Com qualidades como essas, os dois principais canis na Grã-Bretanha que desenvolveram a raça começaram a refiná-la segundo seus próprios altos padrões para criar o companheiro de caça ideal de todo cavalheiro do campo.

Foi somente no início do século XX, quando a raça foi reconhecida pelos clubes de cinofilia (Kennel Clubs) britânico e americano, que um padrão oficial da raça foi elaborado. Falamos sobre esse padrão com mais detalhes no Capítulo 15, que fala sobre como levar seu cão a exposições.

Labradores Retrievers Famosos na História

O Labrador Retriever é um cão tão popular e adaptável que seu rosto feliz pode ser visto em todos os lugares, e não é surpresa que muitos tenham chamado a atenção do público. Aqui reconhecemos alguns dos maiores nomes no Hall da Fama do Labrador:

Embaixadores da Raça:

Ben of Hyde pertencia ao Major Radcliffe e nasceu em 1899. Embora a raça Labrador estivesse bem estabelecida na virada do século XX, ela era

Foto cortesia de Abbie Alhashimi

dominada pela popular cor preta. Ben of Hyde foi o primeiro Labrador Retriever amarelo que sem tem registro. Ben of Hyde e seu filho Neptune são considerados a origem da maioria dos Labradores amarelos de hoje.

King Buck (1948–1962) foi acometido por cinomose no início da vida, mas se recuperou e se tornou um campeão de Provas de Campo, com um recorde que só foi igualado 40 anos depois. Ele ganhou maior atenção como o primeiro cão a aparecer em um selo Duck Stamp do Serviço de Pesca e Vida Selvagem dos Estados Unidos (1959), que sempre apresentava uma ave aquática. A arte foi criada por Maynard Reece e mostrava King Buck carregando um pato-real macho.

Nell, cujo tutor era o Conde de Home da propriedade Buccleuch, foi descrita tanto como uma Labrador quanto como Cão de São João. Ela foi a primeira da raça a ser fotografada, em 1856, e sua fotografia mostra que ela tinha pelagem preta, com patas e focinho brancos.

Estrelas do Cinema e Literatura:

Junkyard foi um Labrador amarelo do filme da Disney "A Montanha Enfeitiçada", de 2009. Ele foi interpretado por Buck, que já apareceu em outras obras cinematográficas, como "Resgate Abaixo de Zero" (2006) e "Neve Pra Cachorro" (2002).

Marley é um Labrador amarelo que estrelou o filme "Marley & Eu" (2009). Como Marley envelhecia ao longo do filme, ele foi interpretado por diferentes atores caninos. O filme é baseado na história real relatada no livro "Marley & Eu: A Vida e o Amor ao lado do Pior Cão do Mundo" de John Grogan.

Spike foi um famoso cruzamento de Labrador amarelo com Mastiff, sendo um cão resgatado. Ele pertencia a Frank Weatherwax, que treinava cães para atuar. Em 1957, estrelou o filme da Disney "Minha Amiga Flicka". Ele também estrelou "She-Creature" (1956) e "The Silent Call" (1961). Na televisão, apareceu em programas como "The Westerner", "Hondo" e "The Mickey Mouse Club", e na série de TV "Lassie", ele estrelou como Barney, Chuka e Skipper. O filho de Spike, Junior, interpretou Rontu em "A Ilha dos Golfinhos Azuis".

Companheiros das Estrelas

Buddy e Seamus foram os Labradores de estimação do ex-presidente dos Estados Unidos, Bill Clinton. Buddy era um Labrador chocolate que não se dava bem com o gato da Casa Branca. Tragicamente, Buddy foi atropelado por um carro em 2002, quando tinha quatro anos de idade. Bill Clinton descreveu o acidente como "de longe, a pior coisa" a acontecer com ele desde que deixara o cargo. Pouco depois disso, os Clintons adquiriram outro Labrador chocolate chamado Seamus, que era sobrinho-neto de Buddy e vinha do mesmo canil.

Koni (1999 – 2014) foi a Labrador Retriever preta companheira do presidente russo Vladimir Putin. Seu nome completo era Connie Paulgrave. Koni virou manchete quando o presidente Putin a levou para uma reunião com a chanceler alemã Angela Merkel em 2007, o que não agradou à chanceler, que desenvolveu um medo de cães depois de sofrer um ataque em 1995.

Sully era um Labrador amarelo. Seu nome foi uma homenagem ao piloto que, em 2009, conseguiu pousar uma aeronave comercial avariada no rio Hudson. Sully era um cão de serviço militar treinado e serviu com o ex-presidente dos EUA, George H.W. Bush, durante os últimos seis meses da vida dele. Ele ganhou atenção pública nas redes sociais quando foi fotogra-

Foto cortesia de Chris Norton

fado dormindo ao lado do caixão do presidente. Posteriormente, Sully passou a servir na reabilitação de militares americanos feridos.

Cães de Serviço e Heróis

Dorado foi um Labrador amarelo que pertencia a Omar Riviera. Os dois estavam em um andar alto do World Trade Center no dia do ataque de 11 de setembro. Embora o tutor de Dorado tenha tentado mandá-lo embora várias vezes, para que Dorado pudesse se salvar, o cão não saiu do lado dele e o ajudou a descer 70 andares, pouco antes da torre desabar.

Jake, um Labrador preto, foi outro herói dos ataques de 11 de setembro. Como cão treinado para busca e resgate, ele trabalhou incansavelmente por 17 dias para localizar sobreviventes e vítimas no World Trade Center, cavando sem descanso através de "escombros fumegantes e incandescentes". Jake também ajudou a procurar vítimas dos furacões Katrina e Rita em 2005. Jake foi abandonado quando filhote, com uma perna quebrada e quadril deslocado, mas se tornou um dos menos de 200 cães de resgate certificados pelo governo dos EUA. Ele também trabalhou como cão de terapia com vítimas de queimaduras e residentes de asilos. Jake morreu de câncer em 2007 aos 12 anos de idade.

Lucky e Flo foram dois Labradores pretos da mesma ninhada, treinados para farejar equipamentos ópticos como CDs e DVDs pirateados. Em 2007, eles ficaram famosos por farejar quase 2 milhões de DVDs falsificados sem licença na Malásia para a Motion Picture Association of America. Este feito levou à prisão dos piratas de software e ao oferecimento de uma recompensa de dez mil dólares pelas cabeças dos cães!

Sabi foi uma Labrador preta com uma mancha branca no peito. Ela foi membro das Forças Especiais australianas servindo no Afeganistão. Como cão farejador, foi treinada para detectar explosivos. Sabi se separou de seu treinador durante uma batalha em 2008 e, posteriormente, foi dada como desaparecida em ação no deserto afegão por mais de um ano, onde foi detida por combatentes do Talibã. Ela foi recuperada sã e salva em 2009.

CAPÍTULO 3
Comportamento

"Os Labradores têm muita energia, mas possuem uma ótima disposição e são excelentes com crianças. São também uma raça muito versátil. Têm sido usados para caça, em provas de Agility, como cães de serviço e cães policiais/farejadores, além de serem ótimos animais de estimação para a família."

Lauren McNeely
Bayard Acres Labrador Retrievers

Temperamento

Uma das principais razões pelas quais o Labrador Retriever conquistou o coração do mundo é o maravilhoso temperamento da raça.

Em resumo, os Labradores costumam ser amigáveis, ativos e extro-vertidos. Segundo o padrão oficial da CBKC/FCI, o temperamento do La-brador Retriever deve ser:

"Bom temperamento, muito ágil. Excelente faro, boca macia. Amante decidido da água. Companheiro adaptável e devotado. Inteligente, ávido e obediente com forte desejo de agradar. De natureza gentil, sem vestí-gio de agressão ou timidez excessiva."

A CBKC enfatiza que o Labrador não deve apresentar nenhum traço de agressividade ou timidez, sendo extremamente dócil e leal. É uma raça muito sociável e ideal para famílias com crianças de todas as idades e outros animais. Qualquer cão que apresente sinais claros de agressi-vidade ou timidez excessiva deve ser desqualificado segundo as normas da CBKC.

O padrão da raça estabelece uma referência para garantir que todos os Labradores Retrievers registrados possuam o temperamento que é a marca registrada da raça. É muito raro encontrar um Labrador agressivo ou medroso, exceto quando ele já foi maltratado por humanos. Embora a raça costume perdoar facilmente, em casos mais graves não é possível reconstruir essa confiança. Outro fator que pode resultar em um temperamento atípico em um Labrador é consequência de cruzamentos eventuais sucessivos, onde os cães reprodutores não foram selecionados de forma a garantir um temperamento excelente. Esses cruzamentos podem até envolver outras raças. Ao sempre comprar de um criador ou canil registrado junto à CBKC, você tem mais chances de adquirir um Labrador cujo temperamento reflita o melhor da raça.

Qualquer pessoa que adote um Labrador Retriever deve entender que, para que ele tenha o melhor temperamento possível, precisa receber uma tarefa para fazer e muitas oportunidades para usar o cérebro e gastar energia. Qualquer comportamento negativo que um Labrador possa desenvolver pode ser resultado da falta de estímulo. Por isso, quando o tutor do Labrador faz sua parte, o Labrador faz a dele e mostra por que a raça é tão amada em todo o mundo.

Foto cortesia de
Tim Choldas

Foto cortesia de
Monica Hillesheim

Necessidades de Exercício

"As placas de crescimento dos filhotes de Labrador fecham aos 14 meses de idade; portanto, nada de corridas de longa distância em superfícies duras antes desse tempo. Nos primeiros meses, é melhor ficar em superfícies macias, como grama."

Lori Lutz
Bowery Run Labradors

A primeira coisa que qualquer pessoa que adota um Labrador Retriever deve considerar é a necessidade de exercício da raça. Um Labrador adulto deve ter pelo menos uma hora de exercício por dia, com alguns Labradores de linhagens de trabalho precisando de 1h30 a 2h00. Isso pode ser dividido em dois ou três passeios; idealmente, a maior parte deve ser sem guia, para que o Labrador possa gastar a energia acumulada e explorar o ambiente natural. Por isso, treinar o comando de retorno ao chamado deve ser sua prioridade ao adestrar um Labrador, como discutido no Capítulo 6.

É especialmente importante que os Labradores se exercitem o suficiente, pois seu metabolismo lento e apetite voraz os deixam muito propensos à obesidade, o que coloca grande pressão nas articulações e órgãos vitais, afetando o bem-estar e a expectativa de vida deles.

A recomendação de uma hora de exercício aplica-se apenas a Labradores adultos. Quando seu cão atingir a velhice, ele precisará diminuir o ritmo. Certamente, ele ainda gostará de passear por uma hora, mas o ritmo deve ser mais leve. Para muitos cães idosos, fazer vários passeios curtos pode ser mais adequado do que um único passeio longo. Falaremos bastante sobre a convivência com um cão idoso no Capítulo 16.

Da mesma forma, seu filhote de Labrador não deve fazer uma hora de exercício vigoroso, pois os ossos e as placas de crescimento dele ainda estão em desenvolvimento. Estresses indevidos sobre essas placas de crescimento podem resultar em um membro deformado ou encurtado, o que pode causar claudicação permanente ou outros problemas no futuro. Normalmente, as placas de crescimento de um Labrador só terminam de se formar completamente aos 14 meses. Então, até que seu filhote atinja a puberdade, ele deve sair apenas para caminhadas curtas e controladas. Algumas das necessidades de exercício mental e físico dele podem ser atendidas no seu quintal, com coisas como bolas de petiscos, caminhadas sobre tábuas de madeira, brincadeiras envolvendo farejar e brinquedos interativos, além do adestramento diário de obediência. Brincadeiras de alta intensidade, como buscar objetos ou pular em móveis, não são adequadas para filhotes em desenvolvimento.

Importância da Socialização

"Eles podem ser expostos imediatamente a outros cães que você sabe que estão com as vacinas em dia. Assim que seu filhote estiver totalmente vacinado, socialize-o com cães amigáveis o máximo possível. No entanto, eu não recomendo parques para cães, porque seu filhote pode ser ferido por outros cães com mau comportamento."

Tiffany Ginkel
Cedar Ranch Labrador Retrievers

Os Labradores são cães extrovertidos e sociáveis, tanto com humanos quanto com sua própria espécie. Então, para garantir o bem-estar mental deles, os filhotes precisam de muitos momentos para fazer amigos e dar continuidade à educação que começaram a receber da mãe desde o primeiro dia de vida.

Embora a maioria dos Labradores sejam cães bem ajustados, problemas podem surgir se um Labrador não tiver a chance de socializar com outros cães e humanos desde cedo. Então, assim que seu filhote tiver finalizado o primeiro ciclo de vacinas, recomendo procurar aulas de adestramento para filhotes próximo ao local em que você mora. Você pode encontrar essas aulas online; caso contrário, seu veterinário certamente terá indicações. A própria clínica veterinária pode oferecer aulas de adestramento para filhotes, que são um ótimo ponto de partida para aulas de treinamento de obediência. No entanto, nos primeiros dias, seu cão já aprenderá o suficiente só por conhecer outros cães e falar sua própria língua. Os filhotes interagem entre si de uma maneira única, e se seu filhote só conhecer cães adultos, ele perderá essa parte de seu desenvolvimento.

Dicas para gerenciar encontros com outros cães e socializar seu cão com crianças são fornecidas no Capítulo 5.

Capacidade de Adestramento

"Os Labradores são relativamente fáceis de adestrar, pois querem agradar você. Seja consistente na forma como você pede para seu Labrador fazer algo. Em vez de enviar o cão para um adestrador, é melhor adestrá-lo em aulas das quais você participe, pois o treinamento é tanto para o tutor quanto para o cão. Os tutores precisam aprender a se comunicar bem com seu cão e ser consistentes e claros."

Neil e Jodi Martin
Carriage Hill Labradors

Os Labradores Retrievers são uma das raças mais adestráveis do mundo e, por isso, são a primeira escolha para trabalhos de assistência e busca e resgate. Isso não significa que um filhote de Labrador venha ao mundo totalmente treinado e pronto para começar. Significa apenas que, como tutor de um Labrador, você tem o cão mais inteligente e disposto que poderia desejar, com um enorme potencial só esperando para ser alcançado.

Seu Labrador é esperto! Se você quer que ele se comporte bem, precisa trabalhar com ele; caso contrário, ele usará sua mente ativa para se meter em travessuras. Lembre-se de que ele foi criado como um cão de trabalho, e mesmo que você não pretenda trabalhar com ele, precisa estimulá-lo e mantê-lo mental e fisicamente ativo para que ele alcance a melhor versão dele. Mesmo sendo seu melhor amigo, ele também responde bem a um treinamento positivo, firme e consistente para saber quem é que manda.

O adestramento deve começar assim que seu filhote chegar em casa, pois nessa idade o cérebro dele é como uma esponja que absorve tudo. O esforço que você investir no início moldará a obediência dele por toda a vida. Isso também garantirá que ele não se torne um incômodo devido ao tamanho, força e energia cada vez maiores à medida que cresce. Um cão bem adestrado também é menos perigoso para ele mesmo.

Aulas de adestramento são uma excelente ideia, mesmo que você já tenha adestrado cães antes. Com um cão tão inteligente quanto um Labrador, você pode progredir para treinamentos avançados e atividades que revelem os talentos do seu cão, e que serão muito divertidas para vocês dois!

Foto cortesia de
Rebecca Cawvey

Ansiedade de Separação

As mesmas qualidades que você ama em seu Labrador (inteligência e afeto) são as qualidades que podem levar à ansiedade de separação nas ocasiões inevitáveis em que você precisa deixá-lo sozinho em casa. Então, para que seu cão se sinta confortável sozinho, ele precisa saber e acreditar que você voltará quando sair de casa.

Quanto mais cedo você ensinar seu cão a ficar sozinho, melhor, pois a ansiedade de separação pode se tornar um comportamento enraizado e ser mais difícil de superar quando ele for adulto.

Se você tem um filhote e está treinando-o para usar uma caixa de transporte/gaiola para cães, ele deve estar aprendendo a vê-la como um espaço seguro, e não como uma prisão. Como os filhotes podem destruir móveis e objetos, a vantagem de deixar seu filhote sozinho na caixa ou gaiola é que você pode ter certeza de que ele não está destruindo a casa enquanto você está fora. Ele também pode se sentir menos ansioso em um espaço menor e se acomodar mais facilmente. Você pode deixar alguns brinquedos seguros para mantê-lo ocupado, como um osso de chifre para roer, e um Kong® recheado com algo seguro, como ração úmida ou pasta de amendoim (escolha uma pasta de amendoim que não contenha xilitol, que é tóxico para cães).

Quando você deixar seu cão sozinho pela primeira vez, nem precisa sair de casa. Basta sair do cômodo sem fazer alarde e fechar a porta. Pode ser por apenas um minuto. Não volte para ele quando ele estiver choramingando, pois ele pode acabar aprendendo que choramingar faz você voltar. Tente prever um momento um pouco antes de ele começar a reagir. Nesse momento, você pode voltar para seu cão e fazer um pouco de festa, mas novamente, sem muito alarde. Reações exageradas ensinam ao cão que sair e voltar são acontecimentos extraordinários, então o ideal é permanecer calmo e agir como se nada de emocionante ou incomum estivesse acontecendo.

Se você perdeu o momento certo, e seu cão começou a choramingar, você precisará esperar por uma pausa no choro dele, para que ele perceba que consegue o que quer quando está quieto, e não quando está fazendo barulho.

Faça esse exercício com frequência, aumentando gradualmente o tempo que seu Labrador fica sozinho. Quando chegar ao ponto em que você fica fora de casa por um período mais longo, você pode instalar uma câmera para cães que pode ser visualizada em seu celular para ver como seu Labrador está. Dessa forma, você saberá se está avançando muito rápido ou se seu cão está tranquilo ficando sozinho.

Se a ansiedade de separação continuar sendo um problema, alguns cães respondem bem a produtos farmacológicos feitos para reduzir o estresse. Estes incluem produtos DAP, sigla para o termo em inglês *Dog Appeasing Pheromone*, que significa Feromônio Apaziguador de Cães. Ele imita o cheiro calmante liberado pela mãe do cão durante os dias após o nascimento. Produtos DAP estão disponíveis na forma de difusores de ambiente, sprays ou coleira. Outros produtos que você pode experimentar são suplementos ou alimentos contendo caseína ou L-triptofano. A caseína é um relaxante presente no leite materno, e o L-triptofano aumenta as concentrações de serotonina, o hormônio do bem-estar, no cérebro.

Se você continuar a ter problemas com ansiedade de separação, vale a pena consultar um comportamentalista, que pode desenvolver uma abordagem de sucesso para deixar seu cão mais tranquilo.

Roer

"Os Labradores Retrievers aliviam sua ansiedade roendo, então certifique-se de ter palitos mastigáveis para cães, cenouras, fatias de maçã e chifres para atender à necessidade deles."

Lori Lutz
Bowery Run Labradors

Roer pode parecer um mau comportamento do ponto de vista do tutor. Afinal de contas, isso destrói as coisas preciosas que você tem em casa! Mas, na verdade, é um comportamento natural para qualquer cão. Isso é ainda mais evidente no caso do Labrador. Como uma raça de trabalho criada para recuperar caça, eles têm um instinto natural de carregar coisas na boca.

Roer também é algo positivo para um filhote cujos dentes estão nascendo, pois alivia o desconforto. Além disso, um filhote usa as sensações em sua boca para explorar o novo mundo. Seu trabalho como tutor ou tutora é garantir que as coisas que seu filhote rói sejam seguras para ele, pois ele roerá o que encontrar pela frente. A maioria dos veterinários acaba tendo que lidar com um filhote que roeu as pilhas de algo deixado pela casa, como o controle remoto da TV, ou que engoliu algo indigerível. Brinquedos infantis também são alvo de filhotes. Como eles vão saber quais brinque-

Foto cortesia de
Amy Seto

dos são deles e quais pertencem às crianças? Brinquedos infantis podem ser perigosos para seu cão, com peças de plástico que podem quebrar, causar ferimentos ou ser engolidas. Você precisa remover qualquer coisa perigosa do alcance do seu filhote, bem como qualquer coisa que você não queira que seja danificada. O adestramento com caixa ou gaiola ajudará seu cão a roer apenas os objetos que ele puder roer. Você também pode usar um cercadinho para filhotes para seu cão, ou um cercadinho para seus filhos e os brinquedos deles.

"Eles têm um forte instinto de usar a boca – por serem Retrievers*, isso está geneticamente enraizado. Não é algo fácil de impedir ou contornar. Certifique-se de ter objetos que são 'deles' e que eles podem carregar/morder. Se seu cão pegar algo que você não quer que ele pegue, ofereça uma troca por um objeto dele e, depois, elogie-o quando ele aceitar a oferta."

Neil e Jodi Martin
Carriage Hill Labradors

* O termo "retriever" vem da língua inglesa e deriva do verbo "retrieve", que significa "recuperar". Ele é usado para se referir a cães de caça, ou "recuperadores", que localizam e trazem de volta os animais abatidos, entregando-os aos caçadores.

Itens aceitáveis para seu cão roer incluem chifre bovino ou Kong®, como mencionado anteriormente. Ele também pode gostar de ossos para cuidados bucais ou um osso cru com tutano. Ossos cozidos nunca devem ser dados, pois podem quebrar. Alguns petshops também vendem ossos esterilizados recheados com um saboroso tutano macio, que seu cão pode roer com segurança mesmo depois de lamber todo o recheio. Miúdos secos de alta qualidade podem ser um petisco saboroso, mas couro cru não é recomendado, pois é quimicamente processado e pode causar asfixia.

Elogie seu cão quando ele roer de forma apropriada. Se ele roer algo que você deveria ter guardado, apenas diga "Não" com firmeza e retire o objeto. Depois, dê a ele algo que ele tenha permissão para roer.

Hiperatividade

O Labrador Retriever foi criado para ser altamente ativo; qualquer pessoa que adote essa raça deve estar preparada para se comprometer totalmente com as necessidades diárias de exercício dele. A causa mais provável de um cão hiperativo é que ele não teve oportunidade suficiente de gastar a energia acumulada ou usar seu cérebro ativo. Seu Labrador precisa de estímulos físicos e mentais para que sua energia acumulada não se transforme em frustração, e para que ele não se torne hiperativo.

Além de exercícios, o treinamento de obediência diário ajudará seu Labrador a se concentrar e usar o cérebro, para que ele se sinta mais realizado mentalmente. Isso é especialmente útil para filhotes que não podem fazer exercícios físicos extenuantes até que suas placas de crescimento estejam formadas.

A hiperatividade de um Labrador pode estar relacionada à linhagem dele. Por exemplo, Labradores de linhagens de trabalho fortes viverão a vida com mais intensidade e terão mais energia para gastar. O Labrador amarelo é considerado um cão mais quieto que o Labrador preto. Mais uma vez, isso se deve ao fato de o amarelo ser um cão de família mais popular e, por isso, foi criado para ter um temperamento mais tranquilo.

Em casos mais raros, pode haver uma causa física para a hiperatividade de um cão. Às vezes, a causa é um desequilíbrio intestinal, que pode ser corrigido com probióticos. Para outros cães, pode ser benéfico adicionar ácidos graxos essenciais à dieta, a partir de óleos de peixe de alta qualidade. Existem ainda outros casos em que a hiperatividade pode ser devido a uma deficiência de triptofano, que pode ser encontrado em frango e peru. Se seu cão faz bastante exercício físico e mental, e você está suspeitando de uma causa dietética para a hiperatividade dele, marque uma ida ao veterinário para um exame físico completo e aconselhamento.

***

Apesar dos possíveis pequenos contratempos no início da vida do seu Labrador, se você der a ele bastante exercício, investir em adestramento desde cedo e proporcionar um estilo de vida saudável, é muito provável que você crie um cão extremamente bem-comportado e de natureza gentil, pois este é o temperamento natural incorporado aos genes do Labrador Retriever.

CAPÍTULO 4
Como Escolher um Labrador Retriever

"Acho importante que as pessoas pesquisem sobre a raça. Você ouve o tempo todo que eles são ótimos cães de família (e realmente são), mas eles são retrievers. Isso significa que eles gostam de colocar coisas na boca e têm muita tendência a engolir objetos! Eles também mordem bastante, e a fase de filhote geralmente dura de 2 a 3 anos inteiros."

Lauren McNeely
Bayard Acres Labrador Retrievers

Foto cortesia de
Samantha Tillery

Comprar ou Adotar?

Depois de considerar todos os prós e contras de ter um Labrador Retriever e decidir que está pronto para assumir esse compromisso, o próximo passo é pensar se você deve comprar um filhote de um criador/canil ou adotar um cão abandonado de um abrigo.

Você já pode ter uma ideia clara sobre qual caminho deseja seguir, e não existe escolha certa ou errada. Sua decisão deve depender muito do que você planeja obter como tutor ou tutora de um cão. Talvez você queira que seus filhos cresçam na companhia de um cão ou deseje competir ou trabalhar com seu Labrador, casos em que um filhote pode atender melhor às suas necessidades. Ou talvez você queira a satisfação de reabilitar um cão abandonado e dar a ele um lar amoroso. Ninguém deve pressionar você a escolher uma opção ou outra, pois o ponto principal é que, qualquer que seja o caminho escolhido, seu Labrador se tornará um membro amado e querido da família, e trará tanta alegria para sua vida quanto você trará para a dele.

Se você pretende participar de exposições de alto nível com seu Labrador, precisará comprar um filhote de um criador registrado. Isso porque cães de exposição precisam de documentos de pedigree. Cães resgatados raramente vêm com documentos. Isso geralmente se deve às circunstâncias em que eles chegam ao abrigo, mas também pode ser porque eles vieram de uma criação eventual ou de origem desconhecida. Às vezes, um cão com pedigree é levado a um abrigo, por exemplo, porque o tutor anterior faleceu ou se separou, mas o abrigo não repassa os documentos de pedigree para dar ao cão um novo começo e garantir que ele não seja vendido por lucro ou usado para reprodução exploratória. É também por isso que a maioria dos abrigos castra seus cães. Se você deseja participar apenas de exposições locais informais, geralmente não precisará apresentar um certificado de pedigree, nem fará diferença se seu cão for castrado ou não.

O Labrador Retriever é um cão de trabalho, então você pode estar mais inclinado a competir em provas de atividades do que no ringue de exposição. Nesses casos, para atividades como Provas de Campo e Provas de Cães de Caça, seu cão precisará ter o pedigree registrado e estar inscrito no Registro da Raça. Outras atividades, como Provas de Trabalho, Agility e Obediência, são abertas a todos os cães, desde que estejam registrados no Registro de Atividades.

Assim, embora a maioria dos tutores que planejam competir nessas modalidades optem por comprar um filhote, cães resgatados ainda podem encontrar uma vocação. Vários Labradores Retrievers no "Hall da Fama" do Capítulo 2 foram resgatados.

Foto cortesia de Shauna Braun

Se você está escolhendo um cão de trabalho, provavelmente estará procurando linhagens específicas para isso, então pode ser melhor comprar um filhote de uma linhagem comprovada de trabalho e treiná-lo para a função que ele deve desempenhar. No entanto, às vezes, cães de linhagens de trabalho podem ser abandonados porque têm energia demais para se adaptar à rotina de uma família. Na maioria dos casos, esses cães não foram adestrados desde filhotes, mas um abrigo pode dar a eles um novo começo, mais adequado ao seu temperamento e habilidades, com um tutor com experiência em cães de trabalho.

Muitas pessoas preferem um cão resgatado devido à satisfação de dar um lar a um cão abandonado e restaurar sua fé na humanidade. E não há dúvida de que os abrigos estão cheios de cães procurando uma família e um lar, embora cães de raça pura como o Labrador sejam menos frequentes. No entanto, existem muitos Labradores mestiços em abrigos, e alguns grupos de resgate reabilitam apenas raças específicas. Por isso, se você quer encontrar seu novo amigo em um abrigo, vale a pena procurar na internet por resgates de Labradores em sua região. Cães resgatados podem ser a solução ideal para pessoas mais velhas, pois elas podem não conseguir se comprometer com os 12 anos de expectativa de vida de um filhote. Nesses casos, adotar um cão mais velho, que pode ser mais tranquilo do que um filhote, pode ser a solução perfeita. De quebra, o cão terá companhia durante seus anos dourados.

Pesquisando o Estabelecimento

"Dedique tempo e pesquise para escolher um criador que selecione as características que você está procurando, seja para linhagens de caça, conformação ou apenas o cão de família perfeito."

Lauren McNeely
Bayard Acres Labrador Retrievers

Se você decidiu por um filhote de Labrador, sua prioridade deve ser procurar um criador ou canil responsável, considerando todos os problemas de saúde aos quais a raça está predisposta. Para encontrar criadores registrados, você pode consultar o site da Confederação Brasileira de Cinofilia (CBKC) em cbkc.org/clubes para localizar o Kennel Club mais próximo da sua região. Ao contatar criadores locais, solicite sempre que apresentem seu certificado de registro como criador e o certificado de registro da ninhada, garantindo assim que você está adquirindo um filhote de origem confiável e documentada.

Se, por outro lado, você já conhece as linhagens de Labrador e talvez deseje comprar um cão que venha da mesma linhagem de outros que você conhece e admira, pode entrar em contato diretamente com o criador. Pode ser que você tenha que entrar em uma lista de espera por um filhote, especialmente no caso de linhagens mais procuradas. Isso é algo positivo, pois demonstra que o criador não está reproduzindo excessivamente seus cães.

Quando você telefonar ou enviar um e-mail a um criador pela primeira vez, há algumas coisas para observar e perguntas a fazer antes de marcar uma visita para ver os filhotes. Lembre-se que bons criadores não ficarão incomodados com uma enxurrada de perguntas. Na verdade, eles devem ficar felizes com sua atenção aos detalhes, pois ela demonstra que você é um tutor ou tutora responsável, que encara com seriedade a tarefa de criar um cão. Bons criadores têm orgulho de seu profissionalismo e ficarão mais do que felizes em falar sobre os altos padrões de bem-estar que adotam para seus cães. Eles também devem parecer saber muito sobre Labradores.

Certifique-se de fazer as seguintes perguntas:

1. Posso ver o filhote com a matriz? (Todos os criadores responsáveis concordarão com isso.)

2. Posso ver o pedigree da matriz?

3. Qual é a idade da matriz?

4. Quantas ninhadas a matriz já teve?

5. Como é o temperamento dela?

6. Ela foi testada para doenças hereditárias? Posso ver os laudos ou certificados?

7. Quem é o padreador?

8. Posso ver o pedigree dele?

9. Como é o temperamento dele?

10. Posso entrar em contato com o proprietário do padreador (se ele pertencer a um proprietário diferente)?

11. Posso segurar todos os filhotes da ninhada?

12. O filhote foi registrado na CBKC (se for de pedigree)?

13. Qual é a idade do filhote?

14. O filhote está completamente desmamado?

15. O filhote está saudável?

16. O filhote já tomou as primeiras vacinas? Posso ver a carteira de vacinação?

17. O filhote foi vermifugado?

18. O filhote tem microchip?

19. O que o filhote está comendo?

20. Que socialização o filhote teve?

21. Posso ver onde os cães são mantidos, onde dormem e onde os filhotes nasceram?

22. Você pode me passar as informações de contato do seu veterinário de confiança?

23. Posso devolver o filhote se ele tiver algum problema de saúde ou se as coisas não derem certo?

24. Posso visitar várias vezes antes de levar meu filhote para casa? (Um bom criador vai incentivar isso.)

Assim como você tem interesse em comprar um filhote de alta qualidade, bons criadores também têm interesse em garantir que os filhotes vão para bons lares. Então, não se surpreenda se eles também fizerem perguntas a você!

Pergunte sobre o Padreador e a Matriz

Você deve perguntar ao criador sobre os exames de saúde que ele realiza nos cães reprodutores, pois os Labradores podem estar sujeitos a muitas condições hereditárias. Os exames básicos de saúde para Labradores, recomendados por diversas entidades, são:

- Pontuações de quadril
- Pontuações de cotovelo
- Exame oftalmológico
- Teste de DNA para diagnosticar Colapso Induzido por Exercício
- Teste de DNA para identificar o gene de pelagem diluída (mencionado no Capítulo 2)
- Outros exames opcionais incluem um exame cardiológico e testes de DNA para diagnosticar Miopatia Centronuclear e prcd-PRA.

Idealmente, antes de ver os filhotes, você deve pedir ao criador para enviar por e-mail ou correio cópias desses exames de saúde.

A pontuação de quadril varia de 0 a 106 (53 em cada quadril). Ela é expressa como dois números, e, quanto menor a pontuação, melhor. Os criadores só devem reproduzir cães que pontuam abaixo da média da raça, que, para um Labrador, é 12, ou 6:6. Além de um número baixo, você deve procurar números iguais em ambos os lados.

As pontuações de cotovelo variam de 0 a 3. Zero é um cotovelo perfeito, então, idealmente, os cães reprodutores devem pontuar 0.

O criador também deve enviar uma cópia dos pedigrees dos reprodutores. Você deve procurar o mínimo possível de endogamia, porque a variação genética protege contra doenças hereditárias.

Outras coisas a verificar com antecedência dizem respeito ao bem-estar geral dos cães. Você deve perguntar onde os cães vivem. Pode ser em canis ou em uma casa. Se for em casa, o filhote estará bem adaptado ao ambiente doméstico quando você levá-lo para casa. Se for em um canil, mais comum com cães de trabalho, os filhotes ainda devem passar um pouco de tempo todos os dias dentro de casa. Você deve inspecionar o ambiente onde os cães vivem quando visitar.

Um bom criador deve ter muito cuidado e preocupação com a saúde das fêmeas reprodutoras (matrizes). Portanto, verifique se a matriz não teve mais de uma ninhada em um período de 12 meses e se não teve mais

Foto cortesia de
Megan Seliger

de três ninhadas em sua vida. Ela deve ter entre dois e oito anos de idade no momento do parto.

Pergunte ao criador sobre os serviços de pós-venda e suporte que ele oferece. Um bom criador sempre permanecerá disponível em caso de problemas ou para dar dicas ou direcionamentos. Alguns até oferecem hospedagem aos cães durante as férias. A maioria dos criadores responsáveis aceitará um filhote de volta se as coisas não derem certo ou se você não puder mais cuidar dele. No entanto, isso não é desculpa para assumir um filhote de forma leviana, e o criador vai avaliar o quanto você está comprometido antes de liberar um de seus preciosos filhotes para você cuidar.

Um alerta: se você decidir comprar um filhote de um criador que não está registrado junto à CBKC, deve ter muito cuidado com armadilhas.

Você já deve ter ouvido falar sobre canis clandestinos, também chamados "fábricas de filhotes". Provavelmente, você acha que consegue identificar um estabelecimento assim a quilômetros de distância. No entanto, muitos criadores não registrados mostram os filhotes em uma sala limpa, muito diferente dos galpões sujos e superlotados onde os cães realmente vivem. E se você receber algum pedigree ou certificado, eles podem nem pertencer aos verdadeiros cães reprodutores. Comprar um filhote de Labrador barato provavelmente sairá caro no futuro quando seu cão apresentar algum problema de saúde devido à pobre herança genética. Além de tudo, isso também perpetua o sofrimento animal. Por isso, não há nada mais importante para o bem-estar animal e para o seu bolso a longo prazo do que apoiar a criação responsável.

Observando o Filhote

As três qualidades mais importantes que você precisa considerar em seu filhote devem ser herdadas dos pais: temperamento, saúde e habilidade. Você pode ou não ter a chance de conhecer o padreador dos filhotes, mas terá visto os documentos dele para se certificar quanto à sua saúde e habilidade. No entanto, você sempre deve ver a matriz, para que também possa avaliar o temperamento dela. Esse será o melhor indicativo que você vai ter. Afinal de contas, quando você conhecer o filhote pela primeira vez com 5-8 semanas, não será fácil saber como ele será no futuro. No entanto, você pode notar que alguns filhotes são assertivos e outros podem ser mais quietos. O padrão da raça afirma que um Labrador Retriever deve ser extrovertido, nunca tímido. Em caso de dúvida, se você não quiser ter que lidar com um cachorro dominante ou medroso, é uma boa ideia escolher um cão que pareça um meio-termo.

É provável que você já saiba se prefere um Labrador macho ou fêmea. Felizmente, como a raça tem temperamento fácil, há pouca diferença qualquer que seja sua escolha, especialmente se você planeja castrar seu cão. Uma Labrador fêmea entrará no cio duas vezes por ano, o que pode gerar sujeira e dar trabalho. Portanto, a menos que você planeje reproduzi-la, o que não é recomendado a menos que pretenda ser um canil registrado junto à CBKC, é melhor castrar sua cadela após o primeiro cio dela. Isso também a protegerá de uma infecção uterina mortal chamada piometra, que pode afetar fêmeas não castradas.

Também é uma boa ideia castrar seu Labrador macho se você não pretende reproduzi-lo, pois isso diminuirá as chances de ele fugir. Além disso, ele pode se tornar mais tranquilo por natureza, e não se tornará um pai por acidente!

Se você não tem experiência com filhotes, é uma boa ideia ver a ninhada com um amigo experiente. Isso ajudará a garantir que você não deixe o coração falar mais alto que a razão, e que procure todas as características de um filhote saudável. Se você estiver comprando de um criador registrado, é esperado que todos os filhotes atendam a esse padrão.

Você deve observar o criador pegar os filhotes, e eles devem aceitar ser manuseados. Então, o criador deve permitir que você pegue os filhotes para verificar a saúde física deles. Verifique se os olhos, orelhas e parte traseira do filhote estão limpos e sem secreções. O pelo dele deve ser sedoso, sem crostas, e sua barriga deve estar rechonchuda, mas não dura. Verifique se não há nenhum caroço na barriga que possa ser uma hérnia umbilical. Se estiver olhando um macho, verifique se ele tem dois testículos bem descidos (isso pode não ficar tão evidente até você buscá-lo após 8 semanas, e às vezes até depois disso).

Quando você pegar o filhote, ele deve vir com a documentação de filhote completa, incluindo contrato de venda, certificado de registro e pedigree, registro de imunização, registro de vermifugação e conselhos sobre cuidados, socialização, exercício e adestramento. Você também receberá uma garantia contratual detalhando quaisquer condições que possam se aplicar se você precisar devolver o filhote.

Assim que possível após pegar o filhote, leve-o ao veterinário para um exame físico completo. Isso garantirá que você não deixe passar nada que possa afetar a saúde do seu cão. Além disso, ele ficará cadastrado junto à clínica para tomar outras vacinas e realizar outros cuidados de saúde contínuos. Tente não se apegar muito ao filhote até que o veterinário garanta que está tudo bem com ele, pois ele poderá ficar com você pelos próximos doze anos ou mais, então tem que ser a decisão certa.

Considerações sobre um Cão Resgatado

Se você decidiu adotar em vez de comprar seu Labrador Retriever, primeiro precisa identificar abrigos e ONGs que tenham cães disponíveis para adoção. Muitos abrigos têm um site onde você pode ver os cães disponíveis; alguns podem incluir uma breve avaliação do histórico e temperamento deles, e o tipo de lar para o qual eles seriam mais adequados. No Brasil, não é comum encontrar abrigos especializados exclusivamente em La-

Foto cortesia de
Donna Launonen

bradores, mas você pode procurar em grupos de redes sociais dedicados à adoção e resgate de cães, onde frequentemente são divulgados Labradores e outros Retrievers disponíveis para adoção. Esses grupos nas redes sociais podem ser uma excelente fonte, pois muitas vezes contam com protetores experientes que conhecem bem os cães e podem fazer uma combinação adequada entre o animal e a família interessada.

Quando você encontrar um cão (ou uma lista de cães) pelos quais está interessado, a organização de resgate pedirá que você preencha um formulário de intenção de adoção. Este formulário pode incluir perguntas sobre suas circunstâncias pessoais, experiência e alguns detalhes sobre a sua casa. A maioria dos abrigos e ONGs responsáveis designará alguém para fazer uma visita domiciliar e inspecionar sua casa, independentemente de você ser um tutor experiente ou de primeira viagem. Isso faz parte do seu dever de cuidar do cão que você pretende adotar. Por um lado, isso serve para verificar sua identidade e endereço residencial e, por outro, para garantir que sua casa seja adequada e segura para o cão. Se a pessoa notar algo que precisa de atenção (por exemplo, o muro ou a cerca são muito baixos ou têm buracos, ou existem materiais perigosos no quintal), o abrigo ou ONG pedirá que você conserte isso antes de poder levar o cão para casa.

Ao pegar seu cão, você precisará pagar uma taxa de adoção. Embora

Foto cortesia de Tom Morgan

seja significativamente menor que o preço de compra de um filhote de criador registrado (que pode variar de R$ 2.000 a R$ 5.500), essa taxa serve a vários propósitos importantes. Primeiro, a taxa mede o seu compromisso com o cão, e garante que ninguém vá a um abrigo para pegar um cão gratuito para usar em rinhas, reprodução ou revenda. Em segundo lugar, um cão resgatado traz custos para a organização. Uma organização responsável terá arcado com custos relacionados a cuidados veterinários, vacinas, tratamento antiparasitário, castração, alimentação, hospedagem e transporte. De-

Foto cortesia de Amy Seto

pendendo dos recursos da organização, o cão também pode ter recebido microchipagem.

Uma boa organização de resgate fornecerá suporte contínuo para você e seu cão durante toda a vida dele. Como parte do termo de adoção, se suas circunstâncias pessoais mudarem, você será obrigado a devolver o cão ao abrigo ou ONG para realocação, em vez de encontrar outro lar por conta própria. Isso ocorre porque a organização se compromete com o bem-estar do cão por toda a vida dele, para garantir que ele nunca seja negligenciado novamente. Em caso de realocação, as mesmas verificações cuidadosas que foram feitas com você serão feitas para o próximo lar dele.

Um cão resgatado pode vir com problemas de saúde devido à reprodução inadequada ou negligência sofrida no passado. Ele também pode ter cicatrizes psicológicas e pode não ter sido bem adestrado desde cedo. Portanto, ao adotar um cão resgatado, você provavelmente terá mais trabalho para transformar a vida do seu amigo de quatro patas. Aulas de adestramento podem fornecer experiência e apoio moral, e os veterinários também são fontes valiosas de informações. O abrigo ou ONG também estará lá para ajudar você e pode recomendar um comportamentalista se você precisar. Nunca tenha vergonha de pedir ajuda, pois todos querem que a parceria funcione.

Felizmente, os Labradores são naturalmente amigáveis e adestráveis, e a maioria das pessoas não tem problemas persistentes com a raça. Portanto, você tem altas chances de desfrutar de muitos anos felizes ao lado do seu Labrador resgatado. E ele nunca deixará de demonstrar o quanto é grato a você por isso!

CAPÍTULO 5
Preparativos para Receber um Novo Cão

"Um filhote de Labrador dá trabalho e exige bastante tempo logo no início, então certifique-se de que sua agenda esteja livre durante o primeiro mês após trazê-lo para casa. Tente limitar viagens/férias e visitas para que você possa construir uma conexão forte com seu filhote. O período entre oito e doze semanas é crucial para estabelecer essa conexão."

Neil e Jodi Martin
Carriage Hill Labradores

Preparando Sua Casa

"Engatinhe pelo chão e procure qualquer coisa que possa ser mordida. Filhotes adoram fios elétricos, mas eles podem causar choques. Certifique-se de comprar muitos brinquedos para redirecionamento e crie uma zona segura para o filhote ficar quando você não puder vigiá-lo."

Jennifer Robinson
Chestnut's Labs2Love

Independentemente de você comprar um filhote ou adotar um Labrador adulto, haverá algumas semanas antes do dia em que você trará seu cão para casa, e este é o momento de garantir que sua casa esteja pronta para receber o novo membro da família.

Mesmo que você já tenha um cão e acredite que seu quintal seja seguro, precisa pensar no cão que está trazendo para casa, pois ele pode ter métodos de fuga completamente diferentes. Seja um filhote ou um cão adulto, seu quintal ainda não é o território dele e ele não conhece os limites. Ele ainda não reconhece você como tutor e provedor dele, então não tem motivo para ficar ao seu lado. Portanto, se você mora em uma casa, deve fechar qualquer brecha em sua cerca ou muro, ou seu cão fugirá na primeira oportunidade, especialmente um Labrador. Se você está trazendo um filhote para casa, precisa estar especialmente atento às rotas de fuga por baixo de cercas. Se estiver adotando um Labrador adulto, precisa garantir que a cerca ou o muro sejam altos o suficiente para que ele não pule. Um metro e oitenta é a altura recomendada.

Labradores têm um instinto natural de perambular por aí, especialmente os machos não castrados. Até que você tenha treinado seu cão para permanecer dentro de seu território, não pode deixá-lo sozinho no quintal, a menos que tenha protegido totalmente os limites da propriedade.

Lembre-se também que o Labrador é um cão de pedigree e, como tal, é um alvo para ladrões de cães. Garanta que os portões estejam trancados o tempo todo. Se seu portão não tem fechadura, certifique-se de instalar uma antes de trazer seu cão para casa.

Se você gosta de cuidar do jardim ou tem crianças que brincam no quintal, terá que aceitar que, a partir de agora, seu quintal também será o banheiro e espaço de brincadeiras do seu cão, e que ele poderá cavar buracos e comer plantas, independentemente de serem tóxicas ou não. Então, se

seu quintal for grande o suficiente, pode ser uma boa opção dividi-lo, para que você ainda possa ter sua área de jardinagem e as crianças ainda possam brincar com segurança longe de qualquer cocô que possa estar ali. Na área do seu cão, você pode criar um tanque de areia para ele satisfazer seu impulso de cavar em um espaço onde não possa causar danos.

Você precisa limpar as fezes do seu cão diariamente, então pense onde vai descartá-los e tenha uma pá específica para isso.

Se você usa métodos químicos de controle de pragas, como iscas para lesmas, armadilhas para formigas ou iscas para ratos, ou fertilizantes químicos, não deve mais usá-los nas partes do seu quintal às quais seu cão tem acesso. Considere métodos mais naturais de controle de pragas e jardinagem orgânica. Além disso, se você cultiva frutas e vegetais, certifique--se de que seu Labrador não tenha acesso a cebolas, videiras de uva, frutas com caroço, brócolis, ruibarbo, tomates verdes ou as folhas verdes das plantas de batata.

Se você tiver itens perigosos em seu quintal, como painéis de vidro, lixo ou fungos, remova-os antes da chegada do seu cão. Se você está adotando um cão resgatado, esses itens provavelmente terão sido destacados durante a visita domiciliar. Por outro lado, se você está comprando seu primeiro filhote, pode pedir a um amigo com experiência em cães para verificar seu quintal e ver se você deixou passar alguma coisa.

Dentro de casa, você deve pensar se quer que seu cão tenha acesso livre à casa toda ou se vai restringi-lo a certas áreas. É sempre melhor começar com restrições e aumentar a área disponível depois do que impor restrições depois que seu cão se acostumou com a liberdade total. Além disso, quando você estiver ensinando seu cão a fazer as necessidades no lugar certo, é uma boa ideia mantê-lo principalmente em cômodos com pisos duros que são fáceis de limpar. Se você planeja treinar seu cão a ficar em uma caixa de transporte/ gaiola para cães, precisa pensar onde colocá-la. Este será o local onde ele dormirá à noite, então deve ficar longe de correntes de ar frio. Além disso, seu cão gostará de ter companhia quando usar a caixa ou gaiola durante o dia, então a cozinha ou um canto da sala costuma, funcionar bem. Seu cão deve vê-la como um espaço seguro, então deixe a porta aberta e permita que ele escolha entrar para garantir que ele aceite ficar dentro dela. Você pode tornar o espaço mais atraente para ele colocando um cobertor macio, brinquedos e petiscos seguros para mastigar.

Inspecione os cômodos onde seu cão terá permissão para ficar e pense se precisa remover qualquer coisa que ele possa destruir ou que possa ser perigosa. Isso inclui objetos quebráveis, aparelhos com baterias, sapatos, brinquedos infantis, livros, medicamentos, alimentos e qualquer coisa que tenha um valor alto para você. Lembre-se que a troca de dentes faz com que seu Labrador queira mastigar, mas o tédio o tornará ainda mais destrutivo. Ele pode até destruir o sofá ou os batentes das portas se sofrer de ansiedade de separação. Treinar seu Labrador para usar a caixa de transporte/ gaiola para cães desde o início é uma boa ideia, e ter um espaço seguro pode deixá-lo menos ansioso e facilitar a adaptação ao novo lar.

Se você comprou ou adotou filhote, definitivamente haverá sujeira na casa nos primeiros dias. Mesmo se tiver adotado um Labrador adulto, ele pode precisar de um pouco de adestramento sanitário, especialmente se só viveu em um canil. Se você tem pisos duros, a limpeza será rápida e fácil, mas se tem tapetes ou carpete, vale a pena investir em um limpador de tapetes e um produto enzimático para lidar com qualquer problema. Remover os tapetes durante os primeiros meses também é uma opção. No entanto, Labradores aprendem rápido, então o adestramento sanitário não será problema. Você pode encontrar algumas dicas sobre isso no Capítulo 6.

Buscar seu cão provavelmente envolverá a primeira viagem de carro dele, e ele pode ter enjoo durante o trajeto para casa. Provavelmente, ele também vai fazer xixi ou cocô. Por isso, certifique-se de colocar algumas toalhas velhas no carro e alguns lenços umedecidos, além de uma tigela e uma garrafa de água se a viagem for longa. O Capítulo 7 fala sobre viagens com seu cão e ajudará você a decidir onde ele deve viajar no carro. Sempre mantenha seu Labrador contido enquanto ele estiver no carro. Isso garante a segurança dele e evita que ele cause acidentes. Em alguns países, isso é uma exigência legal. Portanto, você precisará planejar com antecedência e comprar uma caixa de transporte, gaiola para cães ou peitoral para levá-lo para casa pela primeira vez.

Um pouco de preparo prévio nas semanas que antecedem a chegada do seu novo cão resolverá quaisquer problemas antes que eles ocorram, além de garantir que ele se encaixe na sua família e casa imediatamente!

Lista de Compras

"O estímulo mental é tão importante quanto o exercício físico, en-tão compre brinquedos interativos, bolas que liberam petiscos, esconda brinquedos para seu cão encontrar etc."

Tiffany Ginkel
Cedar Ranch Labrador Retrievers

Se este é seu primeiro cão, a lista de coisas para comprar para ele pode parecer longa demais. Mas enquanto certas coisas são essenciais e básicas, a maioria dos acessórios que você verá em petshops são supérfluos que você pode deixar para comprar depois, se quiser. Aqui vamos listar os requisitos básicos.

Caixas de Transporte/ Gaiolas para Cães

Para começar, independentemente de você planejar treinar seu filhote para usar a caixa/gaiola ou não, ela ainda pode ser útil por vários motivos. Ela pode ser seu método preferido para transportar seu cão no carro. Além disso, pode ser útil em casa como um espaço seguro para ele, mesmo que você nunca o deixe preso dentro dela. Ela pode ser usada para separar seu cão se ele precisar de um tempo longe das crianças ou de outros cães. Por fim, se ele se machucar ou ficar doente, pode precisar repousar ali por um curto período enquanto melhora.

Você pode comprar caixas de metal ou de tecido. No entanto, seja para um filhote ou um cão resgatado, caixas de metal são melhores, porque os cães não conseguem roê-las. Para ajudar seu cão a se acomodar à noite, você pode comprar capas especiais para caixas de metal ou simplesmen-te usar uma toalha ou cobertor. Se você vai usar a caixa/gaiola no adestra-

Foto cortesia de
Christianna Legner

mento sanitário do seu Labrador, é importante não comprar uma muito grande, mesmo que ele vá crescer. Isso porque os cães têm o instinto de não sujar o local onde dormem, mas, se a caixa/gaiola deles for grande, eles podem simplesmente fazer as necessidades no canto oposto em vez de esperar para serem levados ao quintal. Os cães também preferem se sentir bem aconchegados dentro desse espaço. Isso significa que você pode ter que começar com uma caixa ou gaiola média e comprar uma maior quando seu Labrador crescer. Você também pode comprar uma caixa ou gaiola usada e vender a antiga quando precisar de uma maior.

Camas

Seu Labrador também precisará de uma cama. Mesmo que ele durma dentro da caixa ou gaiola à noite, ele pode gostar de ter uma cama em outra parte da casa para quando quiser ficar ao seu lado durante o dia. Assim como a caixa/gaiola, a cama vai ficar pequena para o seu filhote à medida que ele crescer. Por isso, você não precisa investir em algo muito caro no começo, especialmente porque filhotes tendem a roer objetos. Por esse

*Foto cortesia de
Brittany Pescara
Black Swamp Labradors*

motivo, camas de plástico são ideais para eles. Para torná-las confortáveis, use toalhas velhas ou cobertores. Camas de tecido acolchoadas podem parecer mais aconchegantes, mas seu cão certamente vai arrancar o enchimento enquanto brinca, então ele pode passar para uma cama mais luxuosa quando for adulto. O enchimento não só pode fazer uma bagunça, mas os Labradores tendem a comer de tudo, e, por isso, o enchimento pode representar um risco real de obstrução gastrointestinal.

Coleiras, Peitorais e Guias

As próximas coisas que você precisará são uma coleira, peitoral e guia. Coleiras e peitorais geralmente são ajustáveis, então desde que você possa deixá-los pequenos o suficiente para seu cão, eles ainda servirão por um bom tempo enquanto ele cresce. Recomendo que seu cão use uma coleira, pois ela carrega a placa de identificação dele, e que você a tenha em mãos antes de levá-lo para casa. Isso porque a probabilidade de o seu Labrador se perder ou fugir é maior nos primeiros dias. A placa de identificação do seu cão deve ter pelo menos seu número de celular atual. Seu endereço é opcional, mas as placas de identificação geralmente não mostram o nome do cão. Se seu cão não estiver microchipado, você deve pedir ao veterinário para inserir um chip na primeira consulta, pois esta é uma forma de identificação que não cai e não pode ser removida por ladrões; ela pode ajudar você a recuperar seu cão em caso de roubo ou fuga. Mais detalhes sobre a microchipagem são abordados no Capítulo 11.

Um peitoral também é recomendado por dois motivos. Primeiro, um cão consegue escapar de uma coleira facilmente, mas é menos provável que se contorça para sair de um peitoral. Segundo, o peitoral distribui a tração da guia pelo peito, em vez de puxar a área delicada do pescoço. Embora seu Labrador aprenda a andar com a guia frouxa, ele certamente vai puxá-la no início, e você precisa evitar que ele machuque o pescoço. Pelo mesmo motivo, você nunca deve comprar uma coleira de enforcamento ou frequentar uma aula de adestramento onde este método agressivo é usado.

A única guia que você precisará neste estágio é uma guia curta, com clipe, feita de tecido ou couro. Não há necessidade de comprar uma guia retrátil, pois você treinará seu Labrador para andar bem em uma guia curta e o ensinará um comando de retorno confiável para que ele possa se divertir sem guia. Guias retráteis têm suas utilidades, mas também podem causar acidentes. Você pode considerar comprar uma guia longa para ensiná-lo o comando de retorno, mas isso é opcional e discutido no Capítulo 6.

Comedouros e Bebedouros

Os outros itens essenciais que seu cão precisará neste estágio são tigelas de comida e água. Você não precisa necessariamente comprá-las em um petshop, mas elas devem ser pesadas para que não sejam empurradas pelo chão. Seu novo cão pode vir com um pouco da ração que ele já está habituado a comer, especialmente se você estiver comprando um filhote. Se não, você deve perguntar o que o cão está comendo no momento e continuar oferecendo a mesma ração enquanto ele se adapta. Se você optar por mudar para uma ração ou tipo de comida diferente nas próximas semanas, isso deve ser feito gradualmente. Há mais informações sobre nutrição no Capítulo 8.

Foto cortesia de
Kristin Daniello

Apresentando Seu Novo Labrador Retriever a Outros Cães

"Ao apresentar um novo filhote a outros animais de estimação, sempre faça isso em uma zona neutra da casa, longe de comedouros, brinquedos favoritos ou áreas de dormir preferidas. Segure o filhote em seu antebraço com a parte de trás voltada para fora para que o outro animal possa cheirar. Certifique-se de que o(s) outro(s) animal(is) esteja(m) na guia e segurado(s) por outra pessoa, caso seja necessário afastá-lo(s). Se houver mais de um cão na casa, apresente apenas um de cada vez. Coloque o filhote na caixa ou gaiola para proteção e permita que outros animais circulem ao redor dela sem guia para cheirar através das grades. Não coloque o filhote no chão a menos que você esteja completamente confiante de que os outros animais não o atacarão por ciúme ou medo."

Lori Lutz
Bowery Run Labradores

Se você já tem um cão, pode estar ansioso para trazer um novo amigo para ele, e na maioria dos casos os cães se darão bem; no entanto, pode não ser amor à primeira vista. Isso porque seu cão residente vê sua casa como o território dele, e sua família como os humanos exclusivos dele. Ele pode não estar tão disposto a compartilhar tudo isso com o recém-chegado. Além disso, se seu cão residente for idoso e você estiver trazendo um filhote para casa, cães mais velhos podem ser bastante intolerantes com filhotes, e filhotes podem ser desrespeitosos com outros cães enquanto ainda estão aprendendo as regras. Portanto, apresentações cuidadosas são importantes para garantir que o novo relacionamento comece da melhor maneira possível.

Se você está adotando um cão de um abrigo ou ONG, ele pode já ter conhecido seu cão residente em um "encontro de apresentação". Os abrigos geralmente gostam de avaliar como o cão deles se dará com o seu. Para garantir que isso seja o menos estressante possível, o encontro de apresentação geralmente ocorre em um local neutro, longe do território da sua própria casa. Então, mesmo que seus cães tenham se dado bem nesse encontro, eles precisam aprender a compartilhar a mesma casa e os mesmos humanos.

O pior lugar para o novo cão encontrar o cão residente pela primeira vez é na porta de entrada. Isso é um confronto imediato e coloca seu cão residente na defensiva, porque um cão desconhecido está prestes a entrar no território dele. Quando você trouxer o novo cão para casa, deve levá-lo ao quintal ou à parte dos fundos da casa. Se seu quintal só pode ser acessado passando por dentro de casa, peça a um amigo ou parente para levar o cão residente para passear quando você estiver chegando. Permita que o novo cão se familiarize com o quintal, apenas por tempo suficiente para processar o novo ambiente. Depois, deixe o cão residente sair calmamente e sem alarde. Esteja preparado para uma série de reações que podem acontecer rapidamente, passando de choque a curiosidade, animação, repreensão, perseguição e, com sorte, brincadeira e aceitação. Você deve ficar de lado e deixar os cães se resolverem, mas esteja preparado para intervir apenas se notar sinais de alerta de agressão. Na maioria dos casos, um primeiro encontro no quintal será bem tranquilo, pois o cão residente não sabe que o recém-chegado veio para ficar; ele pode estar ali apenas para brincar. Por isso, ele não fica tão defensivo como ficaria se o primeiro encontro acontecesse dentro de casa.

Se você não tem um quintal seguro, ou o tempo está ruim, ou há algum outro motivo pelo qual a apresentação não pode ocorrer do lado de fora de casa, ainda há uma maneira correta de gerenciar as primeiras apresentações na casa ou apartamento. Nesse caso, o cão residente deve ser levado para passear enquanto o novo cão é trazido para casa, com tempo suficiente para processar o ambiente e se acomodar. Então, seu cão residente deve ser levado de volta para casa para encontrar o recém-chegado já acomodado lá. Novamente, o encontro inicial pode ser tenso, e pode até haver algumas brigas, mas você deve manter a calma e evitar reagir exageradamente enquanto os cães se conhecem. Se você tem crianças, é uma boa ideia que elas estejam em outro lugar enquanto seus cães se encontram pela primeira vez, pois você não quer adicionar mais agitação do que o necessário.

Assim que as vacinas do seu filhote estiverem completas, ele poderá ir ao parque e conhecer outros cães de todas as idades. No entanto, é muito importante que seu filhote não tenha uma experiência negativa de socialização. Como os filhotes podem ser bem exagerados, eles podem testar a paciência de alguns cães, especialmente os idosos. Portanto, certifique-se de que os encontros sejam sempre curtos e positivos, com a permissão total dos outros tutores. A socialização inicial deve ser com guia, para que você possa retirar seu filhote facilmente se sentir que as coisas estão prestes a se complicar.

Esteja sempre atento à linguagem corporal canina ao supervisionar encontros com outros cães. É natural que dois cães se aproximem um do outro focinho com focinho, e depois se virem para cheirar a outra extremidade. Eles devem parecer relaxados, com o rabo balançando suavemente. Se o corpo e o rabo ficarem rígidos, ou o rabo começar a vibrar, o cão pode estar pronto para atacar, especialmente se os lábios ficarem retraídos. Este é um sinal imediato para você encerrar o encontro antes que uma experiência positiva se torne negativa e prejudique a confiança do seu filhote, ou até cause ferimentos.

Apresentando Seu Novo Labrador Retriever a Crianças

O Labrador Retriever é um ótimo cão de família e, na maioria dos casos, se dará bem com crianças. No entanto, o relacionamento entre seu cão e as crianças começa ensinando seus filhos como agir perto de cães.

Se este é seu primeiro cão, e seus filhos são pequenos e nunca conviveram com cachorros, você pode levá-los para visitar amigos que tenham cães dóceis com crianças antes de trazer o Labrador para casa. Monitore e gerencie essas apresentações com cuidado e atenção, para que os cães não sejam colocados em uma situação estressante. Se seus filhos não conseguirem respeitar as regras dessas apresentações, você pode ter que esperar um pouco mais para trazer um cão para casa.

Explique às crianças que elas devem ser muito gentis ao cumprimentar um cão e nunca correr até ele ou agarrar as orelhas ou o rabo dele. Diga a elas para se aproximarem do cão pelo lado, falando com ele baixinho para não assustá-lo. Ensine-as a estender uma mão fechada para ele cheirar, e então mostre os lugares onde o cão gosta de receber carinho: na parte de trás do pescoço e nas costas. Ensine aos seus filhos que eles não devem tentar fazer carinho em um cão enquanto ele está comendo ou dormindo. Se seus filhos forem mais velhos, você pode explicar sobre a linguagem corporal canina e como identificar os sinais de alerta de agressão, como explicado na seção anterior. Além disso, tente envolver seus filhos no cuidados com o cão (passeios, alimentação e escovação), para que seu novo Labrador aprenda a respeitá-los como membros da equipe que atende às necessidades dele.

Se seu Labrador Retriever for dominante por natureza, ele pode tentar se infiltrar na hierarquia da casa assumindo o segundo lugar abaixo de você e de seu parceiro ou parceira, mas acima das crianças. Isso pode fazer com que ele rosne ou lata para elas, ou até mesmo morda, apesar de não fazer parte do comportamento natural da raça. Envolver seus filhos nos cuidados com ele, e especialmente no adestramento dele, ajudará a resolver esse problema. Se seu cão tem tendência a ser dominante, certifique-se de que ele durma no andar de baixo e nunca nos quartos, especialmente não na cama do casal, pois isso o faria acreditar que ele é o chefe e que pode criar as regras da casa.

Felizmente, o Labrador não é um cão agressivo por natureza e, de muitas maneiras, ele completa a família. Para uma criança, crescer com um cão ensina sobre respeito, bondade, gentileza e responsabilidade. Também incentiva o exercício físico. Ter um Labrador na família pode marcar a infância de uma criança e criar uma memória que ela sempre ficará feliz ao recordar.

CAPÍTULO 6
Adestramento

"Comece o adestramento assim que trouxer seu filhote para casa. Nada prejudicará mais o progresso dele do que você permitir comportamentos inadequados antes dos seis meses de idade."

Kathy Jackson
Karemy Labs

Foto cortesia de Sue Joy

Seja um filhote ou um adulto, comprado ou resgatado, seu novo Labrador Retriever precisará de algum tipo de adestramento. O Labrador Retriever é naturalmente inteligente e adestrável, então, em muitos aspectos, o progresso com um filhote pode ser mais rápido do que readestrar um cão mais velho com comportamentos já enraizados. Se você já adestrou cães antes, saberá quais métodos funcionam para você, mas se é novo no adestramento canino ou gostaria de apoio, pode ser uma boa opção participar de uma aula de adestramento. Siga os métodos usados na aula para não confundir seu cão. Por outro lado, se preferir adestrar seu cão em casa, existem excelentes tutoriais online que demonstram como ensinar todos os comandos básicos.

Embora existam muitos métodos diferentes de adestramento, é importante observar que métodos agressivos, como aqueles que usam coleiras de enforcamento ou punição, foram desacreditados, e há evidências de que eles não funcionam. Eles criam cães medrosos e podem até causar lesões físicas, sem mencionar que prejudicam o relacionamento entre cão e tutor. Atualmente, os métodos de adestramento mais recomendados usam o reforço positivo. Isso significa que seu cão é recompensado por acertos e, assim, aprende o que você espera dele. O reforço positivo deixa seu cão animado para aprender e fortalece o vínculo entre vocês. A recompensa que você dá a ele pode ser apenas um elogio ou o brinquedo favorito dele, mas geralmente envolve uma pequena recompensa alimentar. Para um cão como o Labrador, isso é um incentivo enorme, o que pode ser uma das razões pelas quais a raça é uma das mais adestráveis do mundo! Lembre-se de ajustar a porção regular de ração do seu cão enquanto estiver usando recompensas alimentares, já que os Labradores são propensos a ganhar peso.

Petiscos para adestramento estão disponíveis em lojas e pet shops, mas você pode usar pequenos pedaços de linguiça ou chips de fígado desidratado. No entanto, para um Labrador, até mesmo a ração normal será motivação suficiente!

O adestramento com clicker também é um método popular. É o mesmo que o reforço positivo ou adestramento baseado em recompensas, mas além da recompensa, o tutor usa um clicker para cada acerto. O clicker é um sinal extra para indicar ao cão que ele realizou a ação correta, e os petiscos podem ser gradualmente reduzidos até você usar apenas o clicker.

Neste capítulo, eu apresento um breve resumo de como adestrar seu cão.

Adestramento Sanitário

"Use o método de adestramento com caixa de transporte/ gaiola para cães. Se você não estiver em casa ou não puder observar o filhote, coloque-o na caixa ou gaiola. Pode parecer cruel, mas os Labradores acabam adorando esse espaço e o veem como um lugar seguro. Além disso, nunca deixe que eles façam as necessidades dentro de casa, ou eles voltarão ao mesmo local, sentirão o cheiro e farão xixi ali novamente. Quando tirar o filhote da caixa ou gaiola, ou quando ele terminar de comer, leve-o diretamente para fora, sempre para a mesma área."

Lauren McNeely
Bayard Acres Labrador Retrievers

Se você trouxe para casa um filhote de Labrador, o adestramento sanitário será a primeira coisa que ele precisa aprender. Se você trouxe um Labrador resgatado, ele pode já saber onde fazer as necessidades dentro de casa, mas muitos cães resgatados não sabem, seja porque nunca foram adequadamente treinados ou porque sempre viveram ao ar livre. Trei-

nar um cão mais velho pode ser mais trabalhoso, mas você tem duas coisas a seu favor: os cães naturalmente tendem a manter sua área de dormir limpa, e você está treinando um Labrador, que aprende rapidamente por natureza.

É por causa do instinto do cão de manter sua área de dormir limpa que muitas pessoas preferem o treinamento com caixa de transporte (ou gaiola para cães). Se seu cão aceitar a caixa/gaiola (a maioria dos filhotes aceita, embora alguns cães mais velhos possam não aceitar), ele instintivamente evitará fazer as necessidades dentro dela, desde que tenha muitas oportunidades para se aliviar fora de casa.

Há duas coisas a observar nesse treinamento: primeiro, se a caixa ou gaiola for muito grande, seu cão pode simplesmente fazer as necessidades no canto oposto à cama dele; segundo, você não pode deixá-lo esperando se ele precisar se aliviar, especialmente com um filhote que ainda não desenvolveu controle muscular suficiente para isso. Então, no início, leve seu cão para o quintal ou para fora de casa a cada uma hora. É lá que você o treinará para fazer as necessidades sob comando.

Ensinar palavras de comando ao seu cão é conhecido como treinamento associativo, ou condicionamento. É basicamente ensinar a linguagem humana a ele. Para conseguir isso, na fase de treinamento, você precisa usar a palavra de comando apenas quando ele estiver realizando a ação correta, e não antes. Assim, ele conseguirá associar a palavra à ação através de repetição constante e recompensa. Quando a palavra estiver enraizada no cérebro dele, associada a uma ação específica, você poderá usá-la como um comando para pedir que ele faça a ação correta. Esse processo não pode ser apressado; se você usar a palavra de comando antes que o cão tenha feito a associação, ele começará a associá-la com o ato de correr por aí fazendo o que bem entender, e seu trabalho terá sido em vão.

Ensinar um cão a fazer as necessidades adequadamente exige paciência. Para alguns cães, isso ocorre naturalmente e leva apenas alguns dias, enquanto outros podem demorar várias semanas para entender que devem fazer as necessidades do lado de fora. No início, você vai trabalhar com os instintos naturais dos cães: não sujar a cama, e fazer as necessidades quando sente grama sob as patas. Além disso, a maioria dos cães, particularmente machos, instintivamente cobrirão o cheiro de outro animal com sua própria urina, o que é outro incentivo para fazer as necessidades ao ar livre.

Nos primeiros dias de adestramento sanitário, você só precisa levar seu cão para fora para ele fazer as necessidades, e esperar pacientemente, observando-o atentamente para identificar o primeiro sinal de que ele está prestes a se aliviar. Com um filhote, esse sinal pode ser apenas agachar, já que filhotes machos não necessariamente levantam a pata. Quando você estiver confiante de que seu cão está começando a fazer as necessidades, use sua palavra de comando escolhida. Pode ser qualquer coisa com a qual você se sinta confortável, desde que seja consistente e não soe semelhante a outras palavras de comando. "Xixi" ou "Cocô" são comandos populares para isso. Quando seu cão terminar, dê a ele muito carinho e um pequeno petisco para mostrar que ele fez a coisa certa.

Se você não estiver usando o treinamento com caixa ou gaiola, precisará ficar de olho no seu cão dentro de casa, pois você perderá o controle da situação se ele se acostumar a fazer as necessidades nas áreas internas. Leve-o para fora com frequência, e, se ver que ele está se preparando para fazer as necessidades dentro de casa, leve-o para fora rapidamente. Caso não dê tempo e você não consiga evitar, nunca repreenda seu cão, pois isso o deixará com medo e ele poderá fazer ainda mais necessidades por estresse. Se seu cão fizer as necessidades no local errado, apenas limpe a área completamente com um limpador enzimático para decompor a amônia (os cães são atraídos para locais onde sentem o cheiro desse produto químico natural, o que pode fazer com que urinem ali novamente).

Não é recomendado usar tapetes higiênicos ou jornal dentro de casa, pois eles dão permissão ao cão para fazer as necessidades nas áreas internas, e ele aprende que uma textura macia sob as patas é adequada para se aliviar. Isso pode levá-lo a fazer as necessidades em tapetes e móveis. Seu cão precisa aprender que só pode fazer as necessidades em locais com grama ou terra sob as patas.

Por ser um cão inteligente, seu Labrador certamente aprenderá rapidamente. No entanto, se você notar que mesmo depois de adestrado ele regrediu e começou a fazer as necessidades dentro de casa novamente, leve-o ao veterinário para um check-up. Ele pode ter alguma doença ou infecção. Às vezes, ele pode estar sob estresse psicológico, e um veterinário ou comportamentalista também podem ajudar com isso. Muito raramente a culpa é do seu Labrador, já que tudo o que ele realmente quer é agradar você.

Como Ensinar o Comando "Senta"

"As sessões de adestramento para senta, deita e busca devem durar no máximo dez minutos para filhotes. É bom fazer o treinamento logo antes da hora da refeição para que eles apreciem a recompensa."

Lori Lutz
Bowery Run Labradors

É muito importante ensinar o comando "senta" ao seu Labrador, porque ele cria uma situação em que o cão está focado e parado, pronto para outros possíveis comandos que você queira dar em seguida. Além disso, é um comando importante para a segurança do seu cão. "Senta" é um comando fácil para seu cão aprender e, ao ser recompensado por sua conquista, ele ficará ansioso para aprender mais!

Para começar a ensinar qualquer coisa ao seu cão, você precisa da atenção total dele. Filhotes são cheios de energia, então isso pode ser um desafio no início; no entanto, se você estiver segurando um petisco saboroso, seu Labrador provavelmente ficará muito focado em você e pronto para ganhar a guloseima. Se você está treinando um filhote, deve se ajoelhar no chão no nível dele.

Foto cortesia de
Fernando Yoc

Comece ensinando "Olhe para Mim" ao seu cão. Para ganhar o petisco, tudo o que ele tem que fazer é manter contato visual com você. Após várias repetições, ele deve entender que é hora da aula.

Com a atenção do seu cão focada em você, traga sua mão fechada, com o petisco dentro, em direção ao nariz dele. Agora, com um movimento suave, leve o petisco por cima e por trás da cabeça dele. Com isso, seu cão deve abaixar a parte de trás do corpo instintivamente. Quando o bumbum dele tocar o chão, use a palavra de comando "Senta" e dê a ele o petisco e um carinho.

Se seu cão não se sentar instintivamente, mas girar ou pular, seja paciente. Não force seu cão a sentar, mas guie suavemente a parte de trás do corpo dele com sua mão livre. Ele entenderá a ideia quando fizer isso corretamente algumas vezes. Com várias repetições a mais, isso se fixará na mente dele.

À medida que o treinamento avançar, você pode diminuir o sinal de mão. Nesta fase, seu cão já criou a associação com a palavra "Senta". Então, você chegará ao estágio em que pode usar a palavra de comando antes da ação, para pedir que ele sente. Quando ele fizer isso, recompense-o. Com o tempo, você também pode diminuir o petisco, para que o elogio seja a única recompensa.

Você não precisa alcançar todas essas etapas em uma única sessão de adestramento (na verdade, para a maioria dos cães, isso seria impossível). Em média, leva várias semanas para aprender o básico, e mais alguns meses para reforçar. Mantenha as sessões curtas e termine de forma positiva. Incorpore o treinamento à rotina diária do seu Labrador para que se torne algo natural, e logo isso não será trabalhoso para nenhum de vocês.

Como Ensinar o Comando "Fica"

O comando "Fica" pode salvar a vida do seu cão. Ele exige muita obediência da parte dele, pois você está pedindo que ele anule seu instinto, que pode ser seguir você, correr, ou perseguir o que quer que tenha chamado a atenção dele.

Junto com o comando Fica, você também precisa ensinar um comando para liberar seu cão do Fica. Uma boa palavra para isso é "Livre". Você precisa controlar tanto o Fica quanto a liberação, para que seu cão receba as instruções vindas de você e não comece a pensar que pode encerrar o Fica quando quiser.

Passo 1: Para ensinar o comando Fica, comece colocando seu cão na posição Senta, o que significa que ele está parado, focado e pronto para aprender.

Passo 2: Em seguida, use a palavra "Fica" enquanto ele está parado, mas não o recompense ainda, ou ele pensará que já cumpriu a missão.

Passo 3: Depois, libere-o, conduzindo-o para longe do Senta com um petisco em sua mão.

Passo 4: Assim que ele se levantar, use a palavra "Livre".

Uma vez que seu cão tenha aprendido a associar a palavra à ação, você pode liberá-lo apenas com a palavra "Livre", sem ação manual, e então dar a ele o petisco e um carinho.

Quando seu cão dominar os conceitos de Fica e Livre, coloque-o no Fica e depois caminhe alguns passos antes de liberá-lo. Se ele tentar seguir você, volte e coloque-o de volta no Fica. Se seu cão tiver dificuldades nessa parte, peça a um ajudante para segurar a coleira dele enquanto você se afasta, e para soltar quando você o liberar. À medida que ele aprender o padrão, seu ajudante pode soltar a coleira mais cedo, depois recuar e, finalmente, você não precisará mais de ajudante. Conforme o treinamento avança, aumente a distância que você se afasta e o tempo que mantém seu cão no Fica, até que você saia da vista dele enquanto ele permanece no Fica.

Como Ensinar o Comando "Deita"

Para ensinar seu Labrador Retriever a deitar, você primeiro precisa pedir que ele sente. Ajoelhe-se na frente dele e certifique-se de que tem toda a atenção dele. Mostre que você tem um petisco em sua mão fechada, trazendo-o até o nariz dele e, depois, para baixo, em direção ao chão, entre as pernas dele. Seu cão deve abaixar as pernas dianteiras instintivamente. Quando os cotovelos dele tocarem o chão, você pode recompensá-lo, mas não use a palavra de comando ainda.

O próximo estágio é fazer com que ele também abaixe as pernas de trás, para que fique deitado. Pode ser que ele já tenha abaixado tanto as pernas da frente quanto as de trás no estágio um; caso isso não tenha acontecido, uma vez que ele abaixar as pernas dianteiras, coloque sua mão livre sobre as costas dele, para limitar até onde ele pode levantar, e puxe o petisco em sua direção para que ele tenha que rastejar para frente. Isso fará com que ele abaixe a parte de trás do corpo sob a sua mão e, com isso, você deve conseguir deixá-lo em uma posição deitada. Se isso não acontecer imediatamente, seja paciente e continue repetindo o exercício. Você pode recompensar cada progresso que seu cão faz, mas não use o comando "Deita" até que ele realmente fique na posição correta. Repita mais algumas vezes para fixar o comando na mente do seu Labrador.

Como Ensinar a Andar na Guia

Ensinar seu Labrador Retriever a andar bem em uma guia frouxa é muito importante, pois ele vai crescer e se tornar um cão forte, e você não quer ser aquele tutor que é arrastado pelo parque por um cão teimoso. Puxar a guia é ruim para o seu Labrador e pode machucar tanto você quanto ele. Isso também prejudica seu relacionamento com seu cão, que deve respeitar suas regras. Por isso, mesmo que seu filhote de Labrador pense que pode morder ou brincar com a guia, quanto mais cedo você começar o treinamento com guia, melhor.

Se você adotou um cão que nunca aprendeu a andar adequadamente na guia, precisará ajudá-lo a superar esse comportamento enraizado. No entanto, o mesmo princípio básico se aplica, independentemente da idade do seu Labrador. Seu cão deve aprender que só conseguirá ir para frente com uma guia frouxa. Quando ele puxa, você para. Isso pode ser muito entediante no início, e você pode não conseguir caminhar muito, mas vale a pena perseverar.

Para encorajar seu cão a se concentrar em você em vez de puxar a guia, você deve tentar se manter animado e cheio de encorajamento. Muitos Labradores ficarão ainda mais empolgados se você tiver petiscos no bolso, então você pode dar recompensas alimentares ao seu cão enquanto ele estiver andando bem. Para este exercício, use uma guia curta presa a uma coleira, com seu cão à sua esquerda e a guia em sua mão direita. Isso deixa sua mão esquerda livre do lado do cão para continuar oferecendo os petiscos.

Não deixe seu cão adivinhar qual direção você vai seguir. Ele precisa olhar para você em busca de sinais. Continue mudando de direção e continue tornando o passeio interessante. E, como antes, mantenha as sessões de treinamento curtas, para que você possa terminar de forma positiva antes que seu cão se distraia.

Se seu Labrador tem aprendido a andar na guia nas aulas de adestramento e parece estar indo bem, não fique desanimado se descobrir que ele fica desobediente assim que você tenta andar com ele em outro local. Obviamente, há muito mais distrações na rua ou em um parque, então este

é o próximo passo no treinamento dele. Seja paciente e continue com os exercícios diariamente, e seu Labrador aprenderá que andar na guia significa andar ao seu lado.

Como Ensinar a Andar Sem Guia

O Labrador Retriever foi criado como um cão de trabalho. Por isso, é natural que ele queira correr livremente no campo, explorando os arredores, gastando sua energia ilimitada e exercitando sua mente agitada. Ele poderia fazer isso o dia todo. No entanto, seu Labrador pode correr por quilômetros, então você precisa ser capaz de chamá-lo instantaneamente para garantir a segurança dele. Um bom retorno ao chamado é essencial para um Labrador, para que ele possa desfrutar de toda a liberdade conquistada por ser um cão confiável.

O treinamento inicial que você fez com seu cão antes mesmo de ele ver o mundo exterior construiu um vínculo entre vocês e ensinou a ele que você é seu mestre, provedor e amigo. Ele ajudou a construir uma base firme para o treinamento de retorno. Portanto, é do interesse do seu cão te obedecer, e, sendo um Labrador, ele realmente quer te agradar.

Ao ensinar os comandos de Fica e Livre, você estava preparando seu cão para ficar sem guia, dando a ele permissão para se afastar da forma que você permitia. Para este exercício, é uma boa ideia começar em uma área fechada e segura, deixando seu cão correr para longe e explorar por períodos mais longos, e depois chamando-o de volta com o comando "Vem".

Como nos comandos anteriores, para fazer a associação, você só deve usar a palavra quando seu cão estiver realmente fazendo a ação. Dentro do espaço seguro, mande seu cão se afastar, e, depois, quando ele fizer contato visual com você novamente, chame a atenção dele mostrando um petisco. Conforme ele se aproximar de você, diga "Vem" com muito entusiasmo. Elogie-o e faça muito carinho quando ele estiver de volta ao seu lado.

Se você não tem um espaço seguro totalmente fechado, ou se seu cão não responde tão rapidamente, você pode usar uma linha de adestramento leve. Essas linhas são muito longas e se prendem à coleira peitoral do cão, permitindo que você controle até onde ele pode andar e gentilmente o encoraje a retornar, junto com a recompensa de petisco e elogio. Você só deve usar uma linha de adestramento com um peitoral, nunca com uma coleira de pescoço! Caso seu Labrador corra com velocidade até esticar totalmente a linha, essa coleira pode machucar o pescoço dele.

Inicialmente, você deve chamar seu cão de volta com muita frequência e não o deixar se empolgar demais com suas próprias explorações. Além disso, mude de direção frequentemente, para que ele precise se manter focado em sua posição. Se seu cão fugir, evite correr atrás dele, a menos que ele esteja correndo em direção a algo perigoso, pois isso pode parecer uma brincadeira para ele. Em vez disso, vire na direção oposta. Ao perceber que você está se afastando, seu cão provavelmente ficará incomodado e voltará saltitante para o seu lado.

Como o Labrador é um cão de trabalho, algumas pessoas gostam de ensinar o retorno ao chamado com um apito. Pode ser um apito audível comum ou um apito para cães, que é um apito de alta frequência que apenas o cão consegue ouvir. O apito tem a vantagem de ser audível a uma longa distância se seu cão correu para longe. Como cães de trabalho geralmente têm um alcance considerável, o apito é um acessório útil, mas você precisa lembrar de sempre carregá-lo com você.

Agility e Flyball

Como um cão atlético e inteligente, seu Labrador Retriever pode gostar muito de exercitar seu corpo e mente em atividades divertidas como Agility e Flyball. Esses esportes são de alta intensidade e nunca devem ser praticados por filhotes, devido ao impacto em seus ossos macios e placas de crescimento não desenvolvidas. Depois que seu Labrador tiver um ano de idade, ele pode começar o treinamento de Agility de baixo impacto, progredindo para saltos mais altos após 18 meses de idade.

O treinamento de obediência que você está fazendo com seu cão no primeiro ano de vida dele está preparando-o perfeitamente para o Agility e o Flyball, já que ele está aprendendo a se concentrar em você, agir de acordo com seus comandos e ter a satisfação de ser elogiado por você. O Agility geralmente é ensinado com um bolso cheio de petiscos de treinamento, então seu Labrador ficará altamente motivado e aprenderá rapidamente.

No Flyball, seu cão percorre um circuito em alta velocidade para recuperar uma bola e, depois, retorna com ela. Os Labradores adoram correr e buscar, então seu cão provavelmente adorará esse esporte. O treinamento de retorno ao chamado o ajudará muito no Flyball, pois, diferentemente do Agility, ele percorrerá o percurso sozinho. Essa opção pode ser mais adequada para você se sua condição física te impedir de correr ao lado do seu cão em um percurso de Agility.

A maioria dos Labradores gosta muito de praticar Agility e Flyball, pois esses esportes apelam para os instintos e habilidades naturais da raça. No entanto, alguns cães mais sensíveis podem não gostar da experiência; se esse for o caso do seu Labrador, você não deve forçá-lo. Além disso, se seu cão tiver alguma condição ortopédica, como displasia de quadril ou cotovelo, ou se sofrer de artrite, ele não deve participar de esportes de impacto ou exercícios vigorosos. Se você tiver alguma dúvida, consulte um veterinário antes de se inscrever para treinamentos de Agility ou Flyball.

CAPÍTULO 7
Viajando

"Os Labradores são ótimos companheiros de viagem. São tranquilos e se dão bem com a maioria das pessoas e outros animais. A maioria dos Labradores adora andar de carro."

Jennifer Robinson
Chestnut's Labs2Love

Aideia de levar seu Labrador na sua viagem de férias ou para um lugar divertido, como uma trilha na floresta, pode parecer empolgante para você. No entanto, seu Labrador nem sempre pode concordar. Alguns cães viajam muito bem, enquanto outros acham a situação estressante ou desagradável por diversos motivos. Por isso, estar preparado para viajar ajudará a tornar o passeio tranquilo e o mais agradável possível para seu cão. Este capítulo abordará todos os aspectos sobre viajar com seu Labrador, seja para perto ou para longe, de avião ou de carro, e dará dicas para te ajudar a se preparar para a viagem.

Preparativos para a Viagem

A preparação para viajar não começa apenas algumas horas ou dias antes da viagem, mas sim quando seu cão ainda é pequeno. Treinar seu filhote de Labrador para viajar com confiança é vital para uma viagem tranquila. Quando filhotes, os cães andam de carro principalmente para ir ao veterinário tomar vacinas, o que associa o carro a experiências negativas. Portanto, é importante se esforçar logo no início para ajudar seu filhote a associar o carro a momentos positivos e divertidos.

Comece apresentando seu filhote ao carro. Você pode fazer isso de forma simples, abrindo as portas e deixando que ele explore tudo no seu próprio tempo. Quando decidir onde seu Labrador ficará quando andar de carro, coloque-o nessa área e dê um petisco a ele. Você pode até criar o hábito de alimentá-lo nesse local, já que uma das coisas favoritas de um Labrador é comer! Com isso, ele começará a associar o carro a algo positivo. Depois de fazer isso algumas vezes, você pode começar a ligar o motor do carro, fechar as portas e começar a percorrer distâncias muito curtas, antes de progredir para uma viagem mais longa.

Agora que você já preparou seu Labrador mentalmente para a jornada, também deve fazer preparativos práticos. Se você fará uma viagem longa, que exige cruzar fronteiras, certifique-se de conhecer as regulamentações do estado ou país para onde está viajando. Seu cão pode precisar de um Passaporte para Trânsito de Cães e Gatos, documento oficial emitido gratui-

Foto cortesia de
John & Linda Ledwith

tamente pelo Ministério da Agricultura, Pecuária e Abastecimento (MAPA) através das unidades do VIGIAGRO. Para viagens internacionais para países que não aceitam o passaporte, será necessário um Certificado Veterinário Internacional (CVI). O veterinário preencherá as informações de saúde do animal, mas o documento deve ser verificado e autenticado pelos Auditores Fiscais Federais Agropecuários. Como requisito para esses documentos, seu Labrador precisará ser microchipado, se ainda não for, e estar com as vacinas em dia.

Esta é uma boa oportunidade para visitar um veterinário e garantir que tudo esteja em ordem para viajar. Alguns países exigem vacinação contra raiva, seguida de testes sorológicos de anticorpos, para garantir que seu cão tenha desenvolvido imunidade à raiva. Outros países exigem a realização de tratamento contra tênias dentro de 72 horas antes da viagem. Se você for viajar de avião, e não de carro, a companhia aérea provavelmente exigirá um atestado de saúde fornecido por um veterinário. Portanto, um check-up veterinário ajudará a garantir que tudo esteja em ordem e permitirá que você adquira remédios contra pulgas ou vermes, caso seu cão precise tomar durante a viagem, ou medicamentos de uso contínuo, se necessário.

Quando você tiver certeza de que seu Labrador está pronto para viajar, é importante garantir que você também esteja. Pesquise as clínicas veterinárias da área onde você ficará hospedado e adicione os números delas à lista de contatos do seu celular, caso seu cão precise de tratamento de emergência enquanto estiver fora. Além disso, entre em contato com a empresa onde o microchip do seu cão está registrado para garantir que seus dados estejam atualizados. Dessa forma, se ele se perder, a pessoa que o achar poderá entrar em contato com você para devolvê-lo. O microchip será inútil se o número de celular cadastrado for antigo. Se isso acalmar seu coração, também pode ser uma boa ideia colocar uma etiqueta temporária na coleira do seu cão com o endereço de onde você está hospedado, embora isso não seja tão necessário quanto uma etiqueta com as informações da hospedagem e o número de celular correto.

Viajando de Carro

Se seu Labrador acha viagens de carro estressantes e baba excessivamente, ele pode estar sofrendo de enjoo. Para evitar que isso aconteça, ele pode viajar com o estômago vazio (se a viagem não for muito longa), ou você pode pedir ao veterinário um remédio contra enjoo para dar ao seu Labrador antes da viagem.

Antes de viajar, você precisa decidir como seu cão vai andar no carro. Uma maneira popular e segura é usar um cinto de segurança para cães. Trata-se de um peitoral que se prende ao clipe do cinto de segurança quando o cão está sentado no banco de trás. Isso garante que ele esteja protegido em caso de colisão. No entanto, algumas pessoas acham problemático permitir que o cão viaje no banco de trás. Além de deixar pelos nos bancos, ele ocupa o espaço onde uma pessoa poderia estar sentada. Se o problema for a limpeza, você pode cobrir o banco com uma capa impermeável, o que é particularmente útil se você levou seu Labrador para um passeio na lama ou se ele foi nadar (especialmente porque os Labradores têm uma forte afinidade com água lamacenta!). Se você preferir que seu cão viaje em outro lugar no carro, muitos porta-malas têm encaixes onde você pode prender um peitoral.

Existem também outras opções de locais para seu Labrador andar de carro. O porta-malas é uma escolha óbvia para muitas pessoas. No entanto, se você usar essa área, é importante ter uma grade de proteção entre os bancos traseiros e o porta-malas para impedir que seu cão se junte a você na frente. Essa opção também não oferece muita proteção para seu cão em caso de acidente, pois o porta-malas tende a amassar em colisões traseiras. Se você tem um carro maior, pode considerar colocar uma caixa de transporte no porta-malas. A caixa deve ser grande o suficiente para que seu Labrador possa ficar em pé, virar-se e deitar-se confortavelmente sem tocar nas laterais. Você pode colocar uma cama, toalhas ou cobertores para torná-la confortável. Uma vez acostumado, seu cão provavelmente a considerará uma área boa e reconfortante.

Em viagens longas de carro, é muito importante garantir que seu Labrador esteja confortável. Isso não significa apenas que ele tenha algo confortável para se sentar, mas que faça várias paradas para correr, fazer as necessidades e beber água. Como guia geral, tente fazer isso pelo menos a cada quatro horas. A alimentação durante uma viagem é menos importante; porém, se a jornada for particularmente longa, ofereça uma pequena refeição a ele a cada 12 horas. Outro fator relacionado ao conforto é a temperatura, especialmente se seu carro não tiver ar-condicionado. Portanto, é uma boa ideia viajar na parte mais fresca do dia. Nunca deixe seu cão no carro sem ar-condicionado e com as janelas fechadas, pois as temperaturas podem subir a níveis perigosos em questão de minutos. Se você precisar parar e deixar seu Labrador dentro no carro, tente fazer isso pelo menor tempo possível, certifique-se de que seu carro esteja estacionado na sombra e que haja bastante circulação de ar onde seu cão está sentado.

Viajando de Avião

Viajar de avião com um cão é algo que exige muita reflexão e cautela, mas, às vezes, é inevitável. Por exemplo, você pode estar se mudando para outro país ou estado e a distância é grande demais para ir de carro. Há muito o que pensar para viajar com seu Labrador de avião, e pode ser útil contratar uma empresa especializada em transporte de animais, que cuidará de todos os preparativos para você. Esses prestadores de serviços são altamente experientes e poderão fornecer muitas informações para aliviar o estresse.

Ao viajar de avião, cães pequenos e cães de assistência podem viajar na cabine. No entanto, devido ao tamanho, a maioria dos Labradores que não são cães de assistência terão que viajar como carga. Nem todas as companhias aéreas são iguais, e, por isso, pesquisar os requisitos específicos do seu voo garantirá que o processo seja o mais tranquilo possível. Se seu Labrador tiver menos de 12 semanas, ou se as temperaturas previstas na origem, no destino ou nas conexões estiverem muito altas ou muito baixas, seu cão pode ser impedido de viajar.

Se seu Labrador tiver que viajar como carga, ele precisará viajar em uma caixa de transporte aprovada pela companhia aérea. Cada companhia aérea terá requisitos diferentes para o tamanho e estrutura da caixa,

Foto cortesia de
Alex Adams

Foto cortesia de Jordan Hohl

e é sua responsabilidade garantir que a caixa do seu cão seja adequada. A maioria das companhias aéreas também exige um atestado de saúde ou aptidão emitido por um veterinário, bem como um passaporte para animais, e alguns destinos exigem vacinas específicas ou documentação de exportação. É por isso que é importante fazer uma pesquisa completa antes de viajar para garantir que você tenha tudo o que precisa para viajar.

Hospedagem de Férias

Antes de reservar sua hospedagem, verifique se seu Labrador também pode ficar lá. Nem todas as acomodações aceitam animais de estimação. Também vale a pena lembrar que, mesmo que sua hospedagem aceite animais, nem todos os hóspedes terão pets ou gostarão de animais, e, portanto, você deve tentar ser cortês com todos que estão hospedados no local com você.

Quando você chegar, descubra as regras. Alguns lugares permitem que você passeie com seu cão livremente pelas instalações, enquanto outros preferem que você fique dentro da sua própria área. Eles também podem ter preferências de onde você pode levar seu cão para fazer as necessidades. Sempre recolha as fezes do seu cão e, se for o caso, limpe o xixi dele também.

O local da hospedagem será uma novidade para seu cão. Ele pode ficar empolgado com isso ou achar um pouco estressante. Portanto, para evitar qualquer ansiedade desnecessária e prevenir perturbações como latidos ou móveis roídos, nunca o deixe sozinho. Se seu Labrador foi treinado para usar caixa ou gaiola, ele pode se sentir mais confortável dormindo dentro dela, por ser um lugar familiar.

Ao sair da acomodação, tente deixá-la como a encontrou. Os donos do lugar não devem ter que contratar serviços extras de limpeza para recuperar o espaço inteiro só porque seu cão passou por lá.

Deixando Seu Labrador Retriever em Casa

Às vezes, você pode ter que viajar e não querer ou não poder levar seu cão. Existem muitas opções para fazer isso, e não há uma específica que seja a "melhor". Cada opção atenderá melhor a certos cães e famílias do que outras. Além disso, os Labradores em particular são altamente adaptáveis, o que deve ajudar a reduzir um pouco do estresse da situação.

A primeira opção é deixar seu Labrador em um hotel para cães. A vantagem desses estabelecimentos é que eles são bem preparados para cuidar de cães, e a equipe é altamente experiente em lidar com diferentes personalidades, raças e problemas de saúde caninos. Dessa forma, você pode ficar tranquilo sabendo que profissionais estão cuidando do seu Labrador. Os hotéis para cães costumam ser bem estabelecidos em cada local, e será fácil pesquisar avaliações para ver o que os tutores anteriores

Foto cortesia de
Danielle Belmonte

acharam da experiência. Você também pode visitá-los antes de viajar, para inspecionar o local e conhecer a equipe. A desvantagem dos hotéis para cães é que eles geralmente recebem um grande número de cães ao mesmo tempo e, portanto, seu Labrador pode não receber tanta atenção individualizada. Os cães geralmente ficam em grandes canis, com uma parte interna ou coberta e uma parte externa, durante a maior parte do dia, podendo sair uma ou duas vezes por dia para socializar com outros cães e se exercitar. Isso pode ser ótimo para o seu cão, mas cães mais sensíveis podem achar estressante.

Outra opção é pedir que um amigo ou parente cuide do seu cão na casa deles. Esta é uma excelente opção se eles já conhecerem seu Labrador, pois ele estará familiarizado com eles e pode ficar menos ansioso na sua ausência. Se seu amigo ou parente tiver outros cães, é importante garantir que a dinâmica funcione antes que seu cão vá ficar com eles. Alguns cães são altamente territorialistas e, mesmo que sejam melhores amigos durante um passeio, a dinâmica pode ser muito diferente quando eles estão na própria casa. Portanto, leve seu Labrador à casa do seu amigo ou parente antes para avaliar como será. Lembre-se: seu amigo ou parente provavelmente está fazendo isso como um favor para você, então tente facilitar ao máximo para eles; estoque bastante ração, remédios de uso contínuo (se necessário) e todos os confortos domésticos do seu cão, como cama e brinquedos.

Finalmente, a última opção é contratar uma pet sitter (babá para pets) profissional para ficar em sua casa. Esta é uma ótima opção para muitas pessoas, pois significa que seu cão pode ficar em seu próprio ambiente, e sua casa não ficará vazia por um período prolongado. Esses profissionais geralmente são experientes em cuidar de cães e, portanto, você pode ficar tranquilo sabendo que seu cão está recebendo muita atenção e sendo bem cuidado. Se você optar por contratar uma pet sitter, certifique-se de que seu cão tenha várias oportunidades de conhecer a pessoa antes. Você pode fazer isso convidando-a para sua casa ou para um passeio. A desvantagem de contratar pet sitters é que costuma ser uma opção mais cara que as outras.

***

Independentemente de escolher viajar com seu Labrador ou deixá-lo em casa, as férias devem ser relaxantes. Levando em consideração todos os aspectos discutidos neste capítulo, você deve ser capaz de planejar com antecedência para garantir que sua viagem seja o mais tranquila possível para você e seu cão.

CAPÍTULO 8
Nutrição

"Labradores Retrievers geralmente têm um estômago de ferro e se adaptam bem a diversos tipos de dieta. Eu uso uma ração premium que tenha uma fonte de proteína entre os cinco primeiros ingredientes. Adiciono cenouras, ovo, fatias de maçã, mirtilos, melancia ou batata-doce à ração para melhorar o valor nutricional. Evite rações que contenham milho, pois é um enchimento barato que pode causar acúmulo de fungos nas orelhas e alergias na pele. Outros grãos são bons na ração e são necessários para prevenir o aumento do coração (DCM) devido à deficiência do aminoácido Taurina."

Lori Lutz
Bowery Run Labradores

Importância da Nutrição

Uma dieta balanceada, apropriada para a fase de vida do seu Labrador, é uma das coisas mais importantes que você deve proporcionar a ele. A saúde está intimamente ligada à alimentação, e se seu Labrador não estiver recebendo todos os minerais, vitaminas e nutrientes necessários, sua saúde e imunidade serão prejudicadas.

Existem várias classes de nutrientes que devem ser observadas: carboidratos, proteínas, gorduras, fibras, vitaminas e minerais. É um erro comum pensar que, como os ancestrais dos nossos cães eram carnívoros, cães domesticados também devem consumir uma dieta predominantemente à base de carne, rica em proteínas. O sistema digestivo de um cão domesticado hoje é muito diferente do sistema digestivo de um lobo e, portanto, os cães são considerados onívoros. Isso significa que, embora as proteínas sejam essenciais, eles também precisam de outros ingredientes não derivados de carne em sua dieta para torná-la equilibrada. Dietas sem grãos e só com carne tornaram-se populares no mundo canino recentemente. No entanto, elas podem fazer mais mal do que bem, resultando em problemas de saúde como doenças cardíacas e do trato urinário. Portanto, dietas balanceadas são essenciais para manter seu Labrador saudável.

O significado de "dieta balanceada" varia entre filhotes e adultos. Por isso, é essencial oferecer ao seu cão uma ração balanceada adequada para a fase de vida dele. O Ministério da Agricultura, Pecuária e Abastecimento (MAPA) estabelece diretrizes rigorosas para as empresas fabricantes de alimentos para animais de companhia, regulamentando desde o registro dos estabelecimentos até as normas de fabricação, rotulagem e controle de qualidade.

No Brasil, as rações comerciais devem seguir os padrões nutricionais estabelecidos pelo MAPA, que se baseiam em diretrizes internacionais como as da AAFCO (American Association of Food Control Officials) para garantir formulações adequadas para filhotes, adultos de baixa energia, adultos de alta energia e cães seniores. Este é um dos benefícios de alimentar seu cão com uma ração comercial regulamentada. Todas as rações comerciais vendidas no Brasil são fiscalizadas pelo MAPA e, portanto, você pode ter confiança de que a refeição que está fornecendo ao seu cão permitirá que ele obtenha todos os nutrientes de que necessita.

Encontrar uma ração que se adeque a um Labrador geralmente não é difícil, já que Labradores têm um apetite voraz e comem quase qualquer coisa. Por isso, você geralmente não precisa se preocupar com a palatabilidade. No entanto, Labradores de trabalho ativos, Labradores idosos e Labradores com problemas articulares, como discutido no Capítulo 12, necessitam de nutrientes adicionais na dieta para ajudar a proteger as articulações. Esses nutrientes incluem ômega-3, ômega-6, glucosamina e condroitina, e são discutidos mais adiante neste capítulo.

Alimentos Comerciais

Os alimentos comerciais estão disponíveis em diferentes formas, como rações úmidas enlatadas, alimentos tipo ensopado e ração seca. O melhor tipo para o seu cão é a ração seca, pois ela ajuda a manter os dentes dele limpos. Quando seu Labrador morde a ração, ela proporciona uma abrasão que remove parte do tártaro acumulado nos dentes. Isso ajuda a reduzir as chances de doenças bucais no futuro.

No entanto, nem toda ração seca é de boa qualidade. Alguns fabricantes de rações mais baratas incluem muitos ingredientes de enchimento, que podem fazer seu Labrador se sentir inchado e cheio. Isso também pode interferir no adestramento sanitário do seu filhote, pois o alimento incha depois que ele come sua refeição, fazendo-o sentir como se precisasse fazer as necessidades no meio da noite. Uma boa maneira de avaliar a qualidade da ração seca é adicionar uma xícara de água a uma xícara de ração seca e deixar de um dia para o outro. Ela deve inchar ligeiramente, mas não excessivamente.

Ao se deparar com tantas opções de alimentos comerciais nas lojas, você pode se sentir sobrecarregado. Muitos pet shops e clínicas veterinárias têm funcionários treinados em nutrição canina que poderão ajudar você a escolher uma ração adequada para o seu Labrador. Lembre-se de que não existe uma escolha "perfeita", e o mais importante é encontrar um alimento que se adapte ao seu cão. Você pode começar decidindo em que fase de vida seu Labrador está (por exemplo, filhote, jovem adulto, adulto, adulto sênior) e se ele tem alguma necessidade adicional (por exemplo, problemas de saúde, muita energia, ou é um cão de trabalho). Depois de filtrar suas opções, escolha alguns produtos com base nos ingredientes, discutidos mais adiante neste capítulo, e pesquise as avaliações dos clientes. Isso geralmente oferece uma boa visão sobre se os cães de outras pessoas gostam da ração e se desenvolvem bem com ela.

Rótulos de Alimentos para Pets

"Não recomendo dietas sem grãos, pois novos estudos têm relacionado essas dietas à alta incidência de doenças cardíacas. Além disso, alguns Labradores têm problemas com o armazenamento de cobre, por isso uma ração com baixo teor de cobre é recomendada."

Tiffany Ginkel
Cedar Ranch Labrador Retrievers

Os rótulos de alimentos para pets podem dizer muito sobre o conteúdo da ração. No entanto, se você não sabe o que está procurando, ou como comparar o rótulo de um tipo de alimento com o de outro tipo de alimento (por exemplo, rótulos de ração seca com rótulos de alimentos enlatados), eles podem parecer confusos e sem informações realmente úteis.

A primeira coisa que você deve observar em um rótulo de alimento para pet são os ingredientes. No Brasil, a lista de ingredientes é uma declaração qualitativa, sem a obrigatoriedade de seguir uma ordem específica por quantidade, ao contrário dos alimentos destinados aos humanos. Portanto, é importante observar não apenas a ordem, mas também a presença de ingredientes de qualidade. Idealmente, deve haver proteínas de origem

animal de qualidade, como frango ou carne bovina, entre os principais ingredientes. Proteínas mais incomuns também são usadas e têm muitos benefícios para diferentes condições. Por exemplo, peru, pato ou carne de veado são excelentes para cães com alergias, peixe é excelente para a saúde da pele e das articulações, e cordeiro é ótimo para cães exigentes que precisam de algo altamente palatável. A farinha animal (por exemplo, farinha de frango) é proteína de carne desidratada concentrada. Nunca compre uma ração para cães que rotule o conteúdo de carne como "proteína de origem animal", pois isso significa que é de qualidade inferior, e o tipo de proteína variará de lote para lote, dependendo do que está disponível como sobra.

Foto cortesia de
Brittany Pescara
Black Swamp Labradors

Grãos e ingredientes amiláceos provavelmente constituirão a maior parte do restante da dieta. Exemplos incluem arroz, milho, aveia, batata e batata-doce. Algumas rações destacam que são sem grãos, o que ajuda cães com tratos digestivos sensíveis ou alergias de pele. No entanto, essas dietas geralmente são pobres em taurina, um aminoácido essencial, cuja deficiência pode desencadear problemas cardíacos, como cardiomiopatia dilatada. Portanto, se você escolher uma dieta sem grãos, investigue se foi adicionada taurina. Se você optar por uma dieta com grãos, grãos integrais como arroz integral, aveia e cevada são mais saudáveis e fornecem mais fibras do que arroz branco e milho.

Vegetais e possivelmente frutas, como abóbora, ervilhas, cenouras, mirtilos, polpa de beterraba, bagaço de tomate e alfafa, são ingredientes populares que compõem a maior parte do restante da receita. Estes fornecem minerais essenciais, vitaminas e fibras, que as proteínas e carboidratos podem não fornecer sozinhos. No mesmo ponto da lista de ingredientes que os vegetais, podem ser listados óleos adicionais, que ajudam a fornecer um conteúdo adequado de gordura saudável, incluindo ômega-3 e ômega-6. Óleos populares incluem óleo de girassol, óleo de peixe, óleo de cânhamo e óleo de sementes (como linhaça).

No final da lista de ingredientes, pode haver vários ingredientes que soam relativamente químicos. Esses ingredientes são minerais e vitaminas para equilibrar a dieta, bem como outros suplementos adicionais que a empresa de alimentos decida incluir, como pré- e probióticos, glucosamina e condroitina.

Alguns fabricantes de alimentos para pets podem adicionar corantes aos seus produtos, mas não há benefício para o cão na adição de cores artificiais. Na verdade, alguns aditivos desnecessários podem causar problemas de saúde e, portanto, devem ser evitados.

Depois de analisar a lista de ingredientes e decidir que está satisfeito com a procedência confiável dos ingredientes e que a opção escolhida inclui uma variedade de carnes, óleos, carboidratos e vegetais, você deve então observar os níveis de garantia. Essa parte da embalagem detalha a porcentagem de carboidratos, proteínas, gordura, fibra, cinzas e umidade na dieta. Esses dados são por grama de alimento pronto para consumo e, portanto, não podem ser comparados diretamente sem primeiro fazer alguns cálculos.

Por exemplo, se uma ração úmida é 75% úmida, significa que o conteúdo seco é 25%. Se o nível de proteína for 5%, isso pode ser convertido dividindo pela porcentagem de matéria seca: 5/0,25 = 20% de proteína em relação à matéria seca. Então, se você deseja comparar com uma ração seca similar, que tem um teor de umidade de 10% e um conteúdo seco de 90%, com um nível de proteína de 20%, o cálculo seria o seguinte: 20/0,9 = 22,2% de proteína em relação à matéria seca.

Depois de converter os níveis de garantia em números que podem ser comparados, você deve escolher uma opção que seja rica em proteínas. Idealmente, isso deve ser superior a 25% em relação à matéria seca, mas quanto maior, melhor. O teor de gordura deve estar entre 8-12% em relação à matéria seca, ou ainda menor se seu Labrador precisar perder peso. Se você estiver preocupado com os níveis constantes de fome do seu Labrador, um teor de fibra acima de 3% o ajudará a se sentir saciado por mais tempo.

Dietas BARF e Caseiras

Se você pesquisou sobre dietas para cães, ou comprou seu Labrador de um criador particularmente tradicional, é provável que tenha encontrado o conceito de dietas BARF ou caseiras. BARF é um acrônimo que vem da língua inglesa, usado para descrever "ossos e alimentos crus" ou "alimentos crus biologicamente apropriados" (em inglês, "Biologically Appropriate Raw Food"). A diferença entre dietas BARF e dietas caseiras é se o alimento é cozido ou não.

Dietas BARF e caseiras conquistaram o mundo. Alguns acreditam que os alimentos comerciais passam por muito processamento para serem saudáveis e, portanto, uma dieta feita de produtos frescos de origem local seria mais nutritiva. Isso também promove a crença de que os ancestrais dos cães eram principalmente carnívoros e, portanto, nossos cães domesticados deveriam seguir essa mesma dieta. No entanto, não leva em consideração que os cães domésticos de hoje são muito diferentes de seus ancestrais lobos, e isso inclui seu sistema digestivo.

Embora certamente existam muitos benefícios de uma dieta caseira ou BARF, incluindo saber de onde vêm os ingredientes, saber que são orgânicos e livres de produtos químicos, e saber que o mínimo de processamento foi usado para fazer o alimento, também existem várias desvantagens. O principal problema com dietas BARF e caseiras é a incapacidade de equilibrá-las adequadamente. É extremamente difícil garantir que haja a quantidade certa de nutrientes, minerais e vitaminas em um alimento caseiro, o que pode ter um impacto na saúde do seu Labrador. Cães em crescimento podem desenvolver ossos frágeis, e cães adultos podem desenvolver cálculos na bexiga e desnutrição. Não é impossível equilibrar uma dieta caseira ou BARF, mas é algo que deve ser feito com a ajuda de um nutricionista veterinário e provavelmente exigirá suplementos minerais.

Outro problema com as dietas BARF em particular é a higiene. A carne crua pode conter bactérias como *Salmonella* e *E. coli*, que permanecem na boca do seu cão. Embora o sistema digestivo dele possa lidar com essas bactérias, isso pode fazer pessoas vulneráveis em sua casa adoecerem, como idosos ou crianças. As bactérias são transferidas para o pelo do seu Labrador quando ele se limpa, e alguém pode se contaminar ao fazer carinho nele. Portanto, todos os membros da família devem seguir uma higiene rigorosa, o que inclui lavar as mãos regularmente, lavar os comedouros do cão com água quente e sabão após as refeições, e desinfetar as superfícies de preparação após o uso.

Finalmente, dietas BARF e caseiras às vezes contêm ossos. Se crus, esses ossos geralmente são flexíveis e se dissolvem relativamente facilmente no ácido estomacal. No entanto, nem sempre é o caso. Portanto, cães com dietas que incluam ossos têm um risco aumentado de perfuração ou bloqueio gastrointestinal, especialmente os Labradores, que raramente mastigam adequadamente sua comida!

Embora dietas BARF e caseiras possam ser excelentes escolhas, é fácil cometer erros. Portanto, se este é um caminho que você gostaria de explo-

rar com seu Labrador, é melhor buscar orientação de um nutricionista veterinário para criar uma dieta equilibrada para seu cão.

Monitoramento de Peso

Como raça, os Labradores têm um dos metabolismos mais lentos e, portanto, são propensos à obesidade. Monitorar o peso do seu cão é vital, pois o excesso de peso sobrecarrega as articulações, o coração e os órgãos internos, reduzindo significativamente a expectativa de vida do seu Labrador e a capacidade dele de se exercitar confortavelmente.

Não existe um peso "ideal" para um Labrador. Como mencionado no Capítulo 1, os machos geralmente pesam entre 29 e 36 kg e, as fêmeas, entre 25 e 32 kg, mas há uma ampla variação genética. Portanto, um Labrador pode estar abaixo do peso com 32 kg e outro pode estar com obesidade mórbida. Uma maneira melhor de monitorar o peso do seu Labrador é avaliando a condição corporal dele com frequência. Uma pontuação ideal de condição corporal é de 4 a 5, e a escala vai de 1 (muito magro) a 9 (obeso). As pontuações são padronizadas para qualquer pessoa usar, e são fáceis e reproduzíveis de cão para cão. Estas são as descrições das pontuações:

ECC 1 = Muito magro. Costelas, projeções vertebrais lombares e proeminências ósseas ao redor da pelve são facilmente visíveis. Há perda severa de músculo e nenhuma gordura corporal.

ECC 3 = Abaixo do peso. As costelas podem ser sentidas com facilidade e podem ser visíveis. Não há muita gordura presente. O abdômen se estreita no flanco e uma cintura pode ser vista de cima. Algumas projeções ósseas podem ser vistas. Fácil de ver o topo das vértebras lombares.

ECC 5 = Ideal. Gordura mínima sobre as costelas, que podem ser facilmente sentidas. Cintura e costelas são visíveis quando o cão é visto de cima. Abdômen encolhido quando visto de lado.

ECC 7 = Acima do peso. Gordura presente sobre as costelas, sendo necessário um pouco de pressão para senti-las. Depósitos de gordura sobre o traseiro e ao redor da base da cauda. Não é possível ver a cintura com facilidade. Encolhimento abdominal presente, mas leve.

ECC 9 = Obeso. Muita gordura ao redor da base da cauda, coluna e peito. O abdômen pode se projetar atrás das costelas. Sem cintura ou encolhimento abdominal. Depósitos de gordura no pescoço e membros.

Cada pontuação de condição corporal equivale a 10% do peso corporal. Então, por exemplo, se a pontuação de condição corporal do seu cão for 7, ele precisa perder 20% do seu peso corporal para atingir uma pontuação saudável de 5. Isso pode ser usado para calcular quanto seu cão deveria pesar. Se seu cão pesa 34 kg e está 20% acima do peso, ele deveria pesar 27 kg. Para alcançar isso, o ideal é alimentá-lo com a quantidade correta de ração necessária para o peso ideal dele, e não para o peso atual, conforme indicado na embalagem da ração. No entanto, perder peso é uma maratona e não uma corrida, pois a perda rápida de peso também pode levar a complicações. Por isso, tente traçar como objetivo uma redução de peso ao longo de seis meses, aproximadamente. Lembre-se que petiscos também contam como calorias, e você precisa levá-los em consideração ao medir a quantidade diária de alimento. Se você acha que seu cão precisa perder peso, é sempre melhor fazer isso construindo um plano junto com um veterinário e levando-o à clínica para ser pesado regularmente.

Suplementos Alimentares

Você pode considerar o uso de suplementos para seu Labrador. No entanto, eles não são necessários, a menos que seu cão tenha um problema ou uma maior sobrecarga sobre o corpo, como é o caso de cães muito ativos.

Os suplementos alimentares podem incluir probióticos, suplementos para articulações, como glucosamina e condroitina, suplementos para a pele, como óleos ômega e biotina, e suplementos calmantes, como L-triptofano. Algumas rações para cães já têm esses suplementos adicionados, então verifique a ração do seu Labrador para evitar dar uma dose dupla a ele.

Você pode comprar suplementos em clínicas veterinárias, pet shops ou lojas online, e muitos deles são semelhantes às versões humanas. No entanto, é importante não dar ao seu Labrador um suplemento de saúde humano, pois os suplementos humanos podem ter ingredientes adicionais para melhorar o sabor que podem ser tóxicos para o Labrador. Os suplementos geralmente vêm na forma de pós, líquidos, petiscos ou comprimidos, todos altamente palatáveis para cães.

Os suplementos são geralmente naturais e seguros; no entanto, você ainda deve falar com um veterinário sobre a adição de um suplemento à dieta do seu cão, pois pode haver interações com alguns medicamentos. No entanto, em geral, os suplementos podem ser ferramentas maravilhosas para ajudar a manter seu Labrador em ótima saúde, junto com uma dieta balanceada e nutritiva.

CAPÍTULO 9
Cuidados com os Dentes

Importância dos Cuidados com os Dentes

Se você tem um Labrador há algum tempo, provavelmente já se acostumou com o cheiro característico dele. No entanto, por mais que você esteja "imune" ao odor da pelagem dele, certamente notará quando ele estiver com mau hálito. O mau hálito, chamado de halitose, é resultado da presença de bactérias na boca. Essas bactérias podem estar nos dentes ou na saliva. Os cuidados bucais diários são essenciais para evitar que essas bactérias causem o acúmulo de placa e tártaro, que podem resultar em inflamação das gengivas, conhecida como gengivite, e dentes moles e podres.

Problemas dentais muitas vezes passam despercebidos, até que seja tarde demais e eles já estejam causando dor significativa ao seu Labrador. Eles podem afetar silenciosamente o bem-estar dele e devem ser evitados a todo custo. A maioria dos tutores presume que seu cão não comerá se estiver com dor na boca, mas, no caso de Labradores, seu apetite voraz faz com que eles tendam a comer mesmo que seus dentes estejam doendo. Portanto, é importante verificar regularmente a boca do seu cão e fornecer cuidados bucais preventivos para evitar procedimentos odontológicos drásticos.

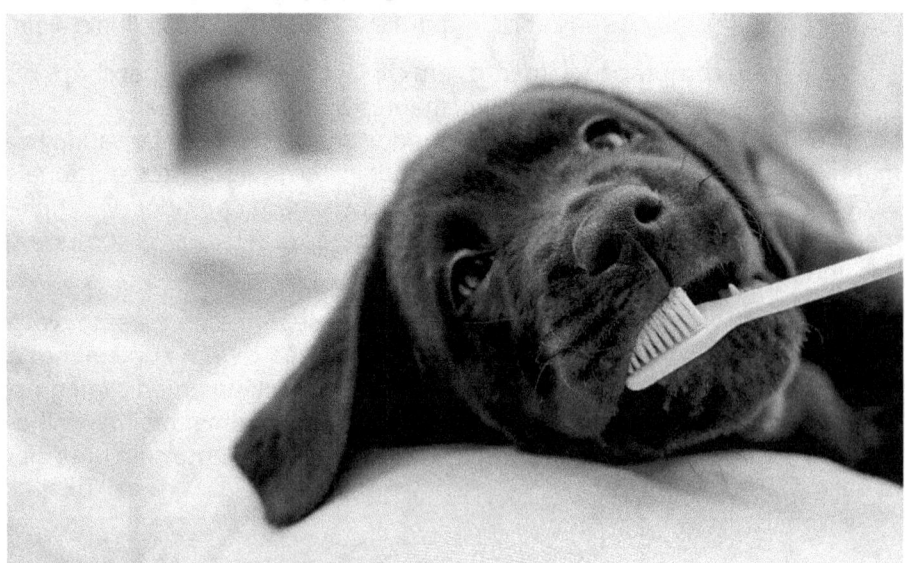

Anatomia Dental

Um dente é uma estrutura óssea composta por uma coroa acima das gengivas e uma raiz ou raízes abaixo das gengivas. Existem 28 dentes decíduos (de leite), que aparecem nos primeiros meses de vida. Esses dentes caem e são substituídos por 42 dentes permanentes entre o quarto e oitavo mês de vida. É por isso que os filhotes tendem a roer tudo, porque a troca de dentes pode causar coceira e desconforto.

Os pequenos dentes na frente da boca são chamados de incisivos. Estes teriam sido usados pelos ancestrais selvagens dos cães para retirar carne dos ossos. Ao lado dos incisivos estão os caninos longos, usados para capturar presas na natureza. Mais para dentro da boca, abaixo das bochechas, estão dentes maiores e mais planos chamados de pré-molares e molares. Estes são usados para triturar alimentos mais duros.

A camada externa de um dente é o esmalte, que é uma camada protetora. No meio do dente está a polpa, que é uma seção carnosa composta por nervos e vasos sanguíneos. Ela fornece ao dente todos os nutrientes necessários e, se ficar exposta, pode causar muita dor. Ao redor da raiz do dente está o alvéolo, uma depressão na mandíbula onde o dente se encaixa. Segurando o dente no alvéolo está uma estrutura resistente chamada ligamento periodontal. A doença periodontal enfraquece esse ligamento, levando o dente a ficar mole e eventualmente cair.

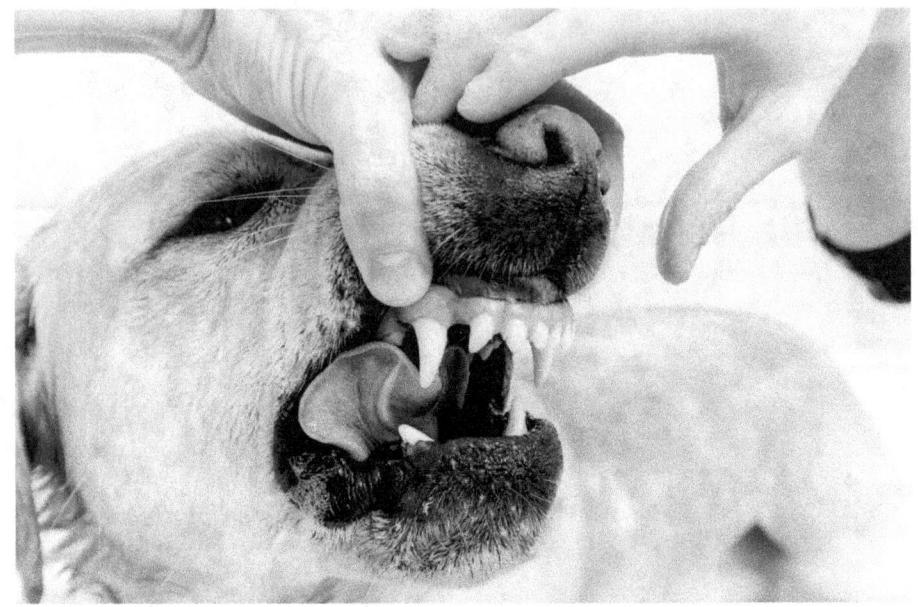

Acúmulo de Tártaro e Gengivite

O tártaro é uma mistura de restos de comida e bactérias que se acumula na base da coroa do dente. O corpo reage às bactérias enviando células inflamatórias para a área para combatê-las, o que faz com que as gengivas fiquem inflamadas e doloridas. Se o tártaro não for removido, a inflamação, conhecida como gengivite, piora cada vez mais.

Prevenir o acúmulo de tártaro por meio de cuidados bucais e da escovação dos dentes ajuda a prevenir a gengivite. Se o problema já se tornou grave, ou o tártaro se mineralizou (conhecido como cálculo), é impossível removê-lo sem um procedimento odontológico, que é discutido mais adiante neste capítulo.

Epúlide

Os Labradores são propensos a desenvolver um tumor benigno na boca conhecido como epúlide. O tumor é um crescimento excessivo do tecido gengival, geralmente desencadeado por inflamação crônica. Existem três tipos diferentes de epúlide:

1. **Ossificante** – um tumor contendo uma mistura de células ósseas e gengivais.

2. **Fibromatoso** – um tumor feito de fibras resistentes.

3. **Acantomatoso** – um tipo destrutivo de tumor, que pode destruir o tecido circundante, incluindo ossos.

Embora as epúlides não sejam tecnicamente cancerosas e não se espalhem pelo corpo, elas podem causar problemas focais como sangramento, desconforto e retenção de alimentos, levando a infecções ou abscessos. Se estiverem causando problemas, precisam ser removidas cirurgicamente. No entanto, é possível que elas voltem a crescer posteriormente se não puderem ser completamente removidas.

Cuidados Bucais

Os cuidados bucais devem começar quando seu cão ainda é filhote. Se você só começar quando já houver doença periodontal, é impossível desfazer o dano já causado. Muitos cães não toleram a escovação dos dentes se isso for introduzido quando eles forem mais velhos. Por isso, ensinar seu filhote de Labrador que esses cuidados são uma experiência divertida e positiva desde cedo trará recompensas mais tarde na vida.

O pilar dos cuidados bucais é a escovação dos dentes. Se realizada regularmente, ela ajuda a remover o acúmulo de tártaro. Escove os dentes do seu cão diariamente, se possível, ou pelo menos três vezes por semana para ser eficaz. Uma escova de dentes normal ou infantil pode ser usada; no entanto, pode ser mais fácil usar uma escova de dedo, que é um item semelhante a um dedal de plástico com cerdas que você coloca sobre o dedo, ou uma escova de dentes angular para cães para ajudar a alcançar o fundo da boca. Nunca use pasta de dentes humana, pois ela é tóxica para cães. Existem pastas de dentes para cães em muitos pet shops, clínicas veterinárias e lojas online, e elas são formuladas usando enzimas para quebrar o tártaro, matar bactérias e refrescar o hálito.

Ao escovar os dentes, é fácil esquecer os molares que ficam lá no fundo. Por isso, certifique-se de puxar as grandes bochechas do seu Labrador para trás para alcançá-los. Quando terminar de escovar, dê a ele muitos carinhos e recompensas para tornar isso uma experiência positiva para ele.

A escovação dos dentes pode ser complementada com o uso de petiscos dentais. Eles não substituem a escovação, mas podem ser úteis para garantir que os dentes estejam limpos entre as escovações, desde que seu Labrador realmente os mastigue e não os engula em velocidade relâmpago sem mastigar! O conceito por trás dos petiscos dentais é que eles são feitos de forma a causar fricção, abrasão ou sucção no dente, para remover o tár-

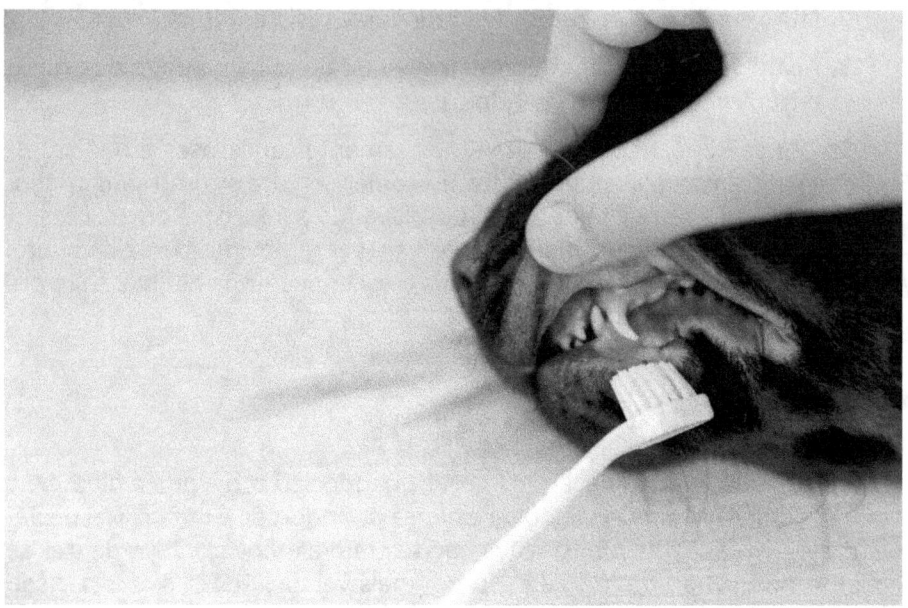

taro que ainda não está aderido. Não se esqueça que os petiscos contêm calorias, e todos os tutores de Labradores precisam ficar de olho na cintura de seus cães. Por isso, lembre-se de remover o número equivalente de calorias da dieta normal do seu cão.

Outra opção para manter os dentes limpos é o enxaguante bucal canino. Ele pode ser adicionado à água potável e funciona de maneira semelhante à pasta de dentes, pois tem enzimas que ajudam a dissolver o tártaro. Também ajudará a refrescar o hálito. No entanto, se o tártaro já se acumulou por um tempo, o enxaguante não fará diferença. Assim como com a pasta de dentes, sempre use enxaguantes bucais feitos especificamente para cães. O enxaguante bucal humano é tóxico para cães e pode causar sérias consequências.

Você pode usar uma variedade de produtos de cuidados bucais para cuidar dos dentes do seu Labrador. No entanto, a maneira mais eficaz de cuidar dos dentes dele é alimentá-lo com ração seca. Assim como os petiscos para a saúde bucal, a ração seca ajuda a remover o tártaro enquanto seu cão a mastiga. O tamanho da ração deve ser o maior possível para um cão de porte médio-grande. Uma opção ainda melhor é a ração específica para cuidados bucais, que tem kibbles de tamanho grande que criam uma leve sucção quando os dentes os mastigam, resultando em maior remoção de tártaro.

Procedimentos Odontológicos

Se seu cão tem doença periodontal ou acúmulo de tártaro que não está melhorando com os cuidados bucais de rotina, ele pode precisar passar por um procedimento odontológico. Este procedimento é realizado por veterinários e, depois dele, os dentes do seu Labrador ficarão limpos como os dentes de um filhote.

Um procedimento odontológico, que pode ser realizado na sua clínica veterinária local, requer anestesia geral; no entanto, seu Labrador só precisará ficar na clínica durante o dia e estará pronto para ir para casa à tarde, depois que acordar. O procedimento começará com a remoção de todo o tártaro dos dentes para diminuir a quantidade de bactérias na boca. Depois disso, o veterinário olhará ao redor de cada dente para investigar se algum precisa ser extraído. Se precisar, ele afrouxará o ligamento periodontal com uma ferramenta especial chamada elevador para poder extrair o dente. Se o alvéolo for grande, seu veterinário pode optar por suturá-lo para evitar que alimentos se acumulem nele. Depois disso, os dentes restantes serão polidos e a boca será enxaguada.

Se algum dente precisou ser extraído, seu Labrador provavelmente voltará para casa com antibióticos e analgésicos. Além disso, ele pode se sentir um pouco indisposto durante a noite, mas deve voltar ao normal na manhã seguinte.

Mesmo que pareça invasivo marcar um procedimento odontológico para o seu cão, ele se sentirá muito melhor depois, com uma boca sem dor, e você vai gostar de ter um Labrador com hálito fresco!

CAPÍTULO 10
Cuidados com a Pelagem

Cuidar da pelagem do seu Labrador não deve ser uma tarefa difícil se você o treinou para aceitar esses cuidados desde filhote. É importante que os Labradores aprendam a tolerar todos os aspectos da higiene, incluindo banho, escovação e limpeza das orelhas, já que eles são naturalmente atraídos por nadar e podem precisar de banho ou limpeza de orelhas com mais frequência do que a maioria dos cães. Além disso, Labradores soltam pelos de forma moderada a intensa, especialmente duas vezes ao ano, e, por isso, cuidar da pelagem do seu cão ajudará a reduzir a quantidade de pelos em sua casa.

Sobre a Pelagem

"Eles trocam de pelos cerca de quatro vezes por ano, quando perdem grande parte da subcamada. Mas também perdem um pouco de pelo todos os dias. Escovar semanalmente ajudará a reduzir o acúmulo de pelos. Meu melhor conselho é: escolha um Labrador cuja cor da pelagem combine com sua casa e suas roupas!"

Jennifer Robinson
Chestnut's Labs2Love

Como falamos no Capítulo 1, os Labradores têm uma pelagem dupla densa e impermeável, com duas trocas intensas duas vezes por ano, na primavera e no outono. Isso foi desenvolvido para garantir que os Labradores originais, que trabalhavam nas águas geladas canadenses, ficassem protegidos do frio da água. Eles eram preferidos em relação aos Retrievers de pelo longo, cuja pelagem poderia ficar incrustada com gelo, fazendo com que eles demorassem mais para se aquecer.

Uma 'pelagem dupla' significa que existem duas camadas de pelos. A 'camada de proteção', ou 'camada superior', tem uma textura mais áspera, e a 'subcamada' é mais macia e clara, com secreções naturais de óleo repelente à água. A presença dessas duas camadas dificulta que a água entre em contato direto com a pele, servindo como um isolante excelente.

Felizmente, mesmo espessa, a pelagem é relativamente curta e lisa, e, portanto, não é difícil de cuidar. Cães de pelagem dupla nunca devem ser tosados, o que significa que você provavelmente não precisará levar seu Labrador a um pet shop para tosar.

Saúde da Pelagem

"Os Labradores costumam precisar de pouquíssima manutenção quanto à pelagem. Uma boa escova para comprar é a 'Furminator', e bons shampoos para ter em casa são produtos como o 'Cloresten' da Agener União (à base de clorexidina e miconazol) ou shampoos com cetoconazol 2% (como os da marca Ibasa), para caso a pele fique irritada no verão ou haja desenvolvimento de problemas bacterianos/fúngicos na pelagem."

Lori Lutz
Bowery Run Labradors

Garantir uma pelagem saudável para o seu Labrador exigirá escovação frequente e banhos ocasionais.

Você deve escovar seu Labrador com a maior frequência possível, pois isso não só ajudará a remover pelos soltos e, portanto, reduzir a queda, como também melhorará a circulação da pele, contribuindo para a saúde e o brilho da pelagem. A escovação regular também ajudará você a identificar problemas precocemente e fortalecerá o vínculo com seu cão. Se você puder escovar seu cão diariamente, melhor ainda, mas uma ou duas vezes por semana é suficiente.

Para escovar seu Labrador, você precisa apenas de alguns tipos de escovas:

- Uma escova de pinos, com cerdas metálicas longas

- Uma escova de cerdas, com cerdas macias densamente agrupadas

- Itens opcionais: uma escova do tipo rasqueadeira (uma escova de pinos com cerdas metálicas mais curtas) e um pente tipo Greyhound (um pente metálico para pelos mais longos)

Comece usando uma escova de pinos e escove na direção de crescimento do pelo com movimentos longos. Depois de preparar seu Labrador com isso, você pode escovar em movimentos mais curtos e rápidos, em direções diferentes do fluxo natural de crescimento do pelo. Isso ajuda a separar a pelagem e escovar um pouco mais profundamente em direção à pele. Por fim, termine a escovação com uma escova de cerdas macias para relaxar seu Labrador e estimular a distribuição dos óleos naturais por toda a pelagem.

Antes de escovar seu Labrador, você pode dar um banho nele. No entanto, banhos muito frequentes com shampoo podem remover os óleos naturais da pelagem, reduzindo o brilho e a capacidade de fornecer uma camada impermeável. Mesmo assim, Labradores são um ímã para água e lama, então seu cão pode precisar tomar banho com uma certa frequência. Para evitar remover os óleos da pelagem, você pode usar água morna para retirar a sujeira do pelo, e usar shampoo apenas quando seu cão começar a cheirar mal, o que idealmente não deve acontecer mais do que uma vez por mês.

O ideal é dar banhos dentro de casa, em uma banheira ou chuveiro. No entanto, em um dia quente, você pode usar a mangueira do jardim (no modo mais leve) para dar banho no seu Labrador. Você deve usar água morna, idealmente de um chuveirinho removível, mas se não tiver essa opção, é possível usar um copo ou uma jarra para despejar a água.

Existem muitos shampoos para cães disponíveis. Tente escolher um que seja delicado com a pele e que não a resseque. Shampoos de aveia são escolhas populares para isso. No entanto, um veterinário ou funcionário de pet shop pode dar dicas sobre os produtos à venda.

Ao dar banho no seu cão, é fácil esquecer de alguns locais, como entre as almofadas sob as patas, além da limpeza ao redor dos olhos e do rosto. Em vez de lavar essas áreas, pode ser mais fácil limpá-las com lenços umedecidos de higiene canina.

Foto cortesia de Tom Powell

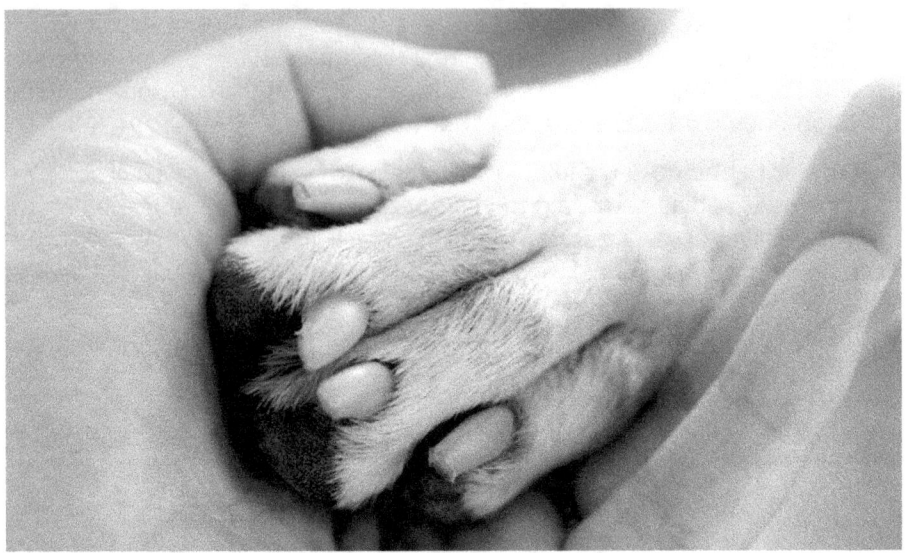

Corte das Unhas

O corte das unhas é muito importante se você não passeia regularmente com seu cão em superfícies duras. Sem esses passeios, ele não tem uma maneira natural de lixar as unhas e, portanto, elas podem crescer demais e encravar nas patas, causando dor extrema.

As unhas são feitas de queratina e, se o corte é feito corretamente, não causa nenhuma dor. No entanto, o centro da unha, chamado de matriz ungueal, está cheio de vasos sanguíneos e nervos. Se essa região for cortada acidentalmente, pode sangrar muito e ser muito doloroso para o seu cão. Para reduzir as chances de isso acontecer, é importante ensinar seu Labrador a ficar parado ao cortar as unhas. Comece quando seu Labrador for filhote, tocando regularmente nas patas dele, levantando-as e tocando as unhas. Isso o acostumará ao processo antes de você precisar cortar as unhas dele pela primeira vez.

Para cortar as unhas do seu Labrador, você precisará comprar um cortador de unhas grande em um pet shop. O cortador precisa ser grande porque um Labrador adulto tem unhas grossas e resistentes. Quando cortar as unhas do seu cão, comece cortando apenas um pequeno pedaço para evitar cortar a matriz ungueal. Você pode ter sorte de ter um Labrador com unhas claras, e, portanto, consegue ver a matriz, mas a maioria dos Labradores tem unhas pretas, o que dificulta essa visualização. Às vezes, se você virar a pata de cabeça para baixo, pode ver até onde a matriz vai, mas isso não acontece com todos os cães. Se você não se sentir confiante para cortar as unhas do seu Labrador, pode pedir ajuda a um veterinário, enfermeiro veterinário ou tosador.

Se você acidentalmente cortar a matriz, é importante não entrar em pânico. Use um chumaço de algodão para fazer um pouco de pressão na pata que está sangrando ou, se tiver um bastão de coagulação de nitrato de prata (também disponível em pet shops ou online), pode segurá-lo na área que está sangrando por alguns segundos para estancar o sangramento.

Alguns cães que têm fobia de cortadores de unhas podem tolerar um lixador de unhas ou Dremel. Esta ferramenta é recarregável e lixa a unha em vez de cortá-la.

Limpeza das Orelhas

"Como os Labradores Retrievers têm orelhas pendentes (orelhas que dobram, cobrindo o canal auditivo), é importante verificar se há sujeira e usar um limpador auricular de alta qualidade se algum odor for detectado."

Lori Lutz
Bowery Run Labradors

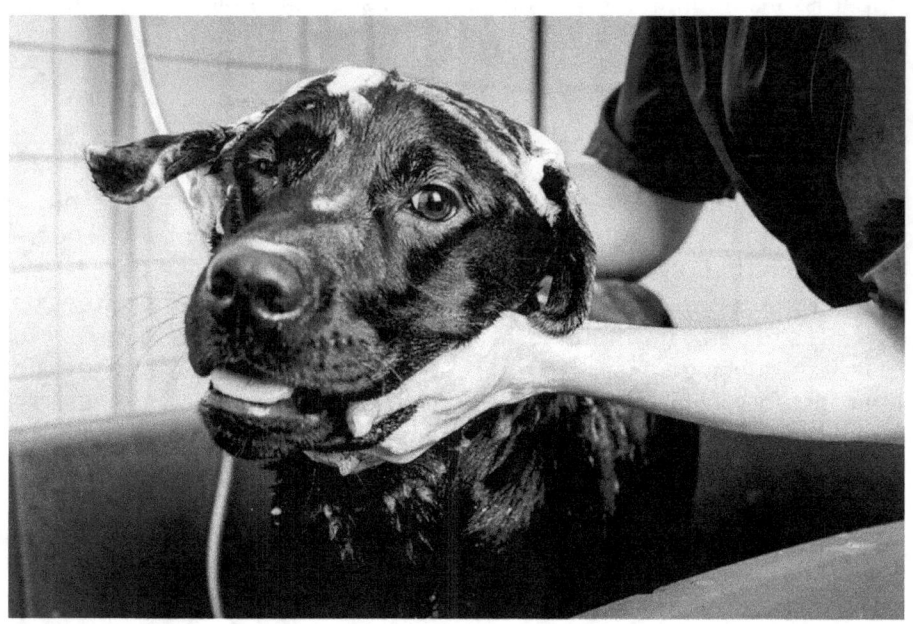

Os Labradores são propensos a infecções de ouvido devido à anatomia de suas orelhas. Como a aba da orelha se dobra sobre a abertura do ouvido, ela cria um ambiente úmido ideal para o crescimento de bactérias e fungos. Além disso, molhar as orelhas repetidamente ao nadar, principalmente em águas sujas, proporciona um ambiente perfeito para infecções.

Limpar as orelhas do seu Labrador regularmente reduz muito as chances de ele desenvolver infecções. Além de limparem o ouvido, dissolvendo a cera e removendo a sujeira, os limpadores auriculares também mudam o ambiente dentro do ouvido para um que não seja favorável a bactérias e fungos. Você pode limpar as orelhas do seu Labrador sempre depois que ele nadar, ou apenas rotineiramente, uma vez por mês, se ele não tiver problemas, ou uma vez a cada uma ou duas semanas se ele tiver infecções recorrentes. O limpador de ouvido pode ser comprado em pet shops, lojas online ou clínicas veterinárias; lembre-se que os melhores produtos são aprovados por veterinários, então vale a pena perguntar qual o seu veterinário recomenda.

Para fazer a limpeza, comece levantando a aba da orelha do seu cão, depois coloque o bico do frasco no canal auditivo e pressione o frasco para liberar um jato. Quando tiver colocado uma quantidade suficiente, coloque a aba da orelha de volta no lugar e massageie a área por 20-30 segundos. Seu cão provavelmente balançará a cabeça quando você soltar, mas isso é bom, pois traz toda a cera solta e sujeira para a superfície. Você pode limpar isso com um pouco de algodão. Em seguida, repita o processo na outra orelha.

Glândulas Anais

A maioria dos tosadores esvaziará as glândulas anais do seu cão por você. No entanto, seu Labrador pode não visitar um tosador com frequência e, portanto, você ou um veterinário pode precisar verificar e esvaziar essas glândulas de vez em quando. As glândulas anais ficam nas posições de quatro e oito horas no interior do ânus dos cães. Elas são sacos sem função específica, que podem facilmente se encher de material fecal se as fezes do seu Labrador estiverem mais moles que o normal. Uma dieta de qualidade geralmente garante que as fezes sejam normais, mas se você descobrir que seu Labrador tem problemas com isso, incluir suplementos de fibra na dieta dele pode ajudar a firmar as fezes para fornecer mais estímulo quando ele defecar.

Quando as glândulas anais ficam cheias, elas precisam ser esvaziadas por um veterinário, enfermeiro veterinário ou tosador, para garantir que não infeccionem. É fácil saber se elas estão cheias porque seu Labrador certamente deixará isso claro. Ele esfregará o bumbum no chão para tentar aliviar o desconforto causado pelas glândulas cheias. Provavelmente, ele também lamberá a área. Se você não notar esses sinais, certamente notará o cheiro ruim de peixe que glândulas anais cheias deixam na casa!

Se seu cão tiver problemas recorrentes com as glândulas anais, elas podem ser removidas. No entanto, o procedimento pode ser arriscado, pois os nervos para o esfíncter anal passam logo atrás delas. Se esses nervos forem danificados, o esfíncter anal pode ficar com vazamento, o que é anti-higiênico para o seu cão e para a casa. Antes da cirurgia, o veterinário pode tentar esvaziar as glândulas a cada duas semanas ou lavá-las sob anestesia.

***

Em comparação com raças de cães de pelo longo, não é muito difícil manter um Labrador bem cuidado. Mesmo assim, é algo que não deve ser negligenciado. Seu Labrador viverá melhor e mais feliz com esses cuidados, e isso não apenas melhorará a saúde dele, mas também fortalecerá o vínculo entre vocês.

CAPÍTULO 11
Medicina Veterinária Preventiva

"O ambiente influencia a longevidade dos nossos cães tanto quanto a genética. A obesidade pode causar displasia de quadril em um cão de um cruzamento geneticamente saudável, e cânceres podem ser causados pela alimentação e exposição a produtos químicos de jardim em uma linhagem geneticamente forte. A genética representa apenas 50% da equação, que pode ser administrada ao comprar de um criador que realiza exames de saúde em seus reprodutores e consegue rastrear várias gerações em ambos os lados dos pais. Os outros 50% são administrados pelo tutor, que fornece alimentação adequada, exercícios e exposição ao mundo exterior."

Lori Lutz
Bowery Run Labradores

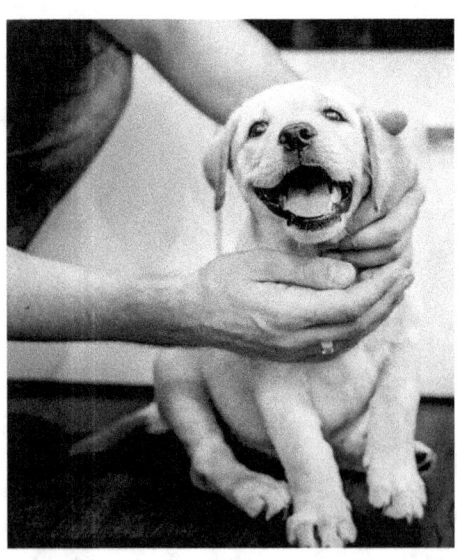

brador saudável.

Naturalmente, sua principal preocupação com seu Labrador é mantê-lo saudável. Um veterinário pode ajudar com isso, estando disponível não apenas para tratar problemas de saúde, mas também para ajudar a preveni-los. Afinal, prevenir é melhor que remediar. Com a longa lista de possíveis problemas de saúde do Labrador, como discutido no Capítulo 12, vale a pena escolher um veterinário em quem você confie plenamente e que possa conhecer seu Labrador como se fosse dele. Dessa forma, ele pode ajudar você a prevenir problemas e manter seu Labrador

Escolhendo um Veterinário

Existem muitos aspectos que você precisará considerar ao escolher um veterinário. O ideal para o seu Labrador é que você o leve sempre ao mesmo veterinário ou clínica veterinária, para garantir que o profissional esteja sempre atualizado sobre a saúde do seu cão. Além disso, caso você precise acionar o plano de saúde pet (discutido mais adiante neste capítulo), o processo pode ser mais simples se o histórico clínico completo do seu cão estiver em apenas uma clínica. Portanto, a escolha de um veterinário em quem você possa confiar durante toda a vida do seu cão é uma decisão que deve ser bem pensada.

A primeira consideração é a experiência do veterinário. Alguns veterinários praticam há décadas, enquanto outros são novos na carreira. Alguns terão feito pós-graduação, e algumas clínicas podem até oferecer serviços especializados, como cardiologia, oftalmologia e ortopedia. Esse é um excelente benefício, pois significa que se seu Labrador tiver um problema, você não precisará se deslocar longas distâncias para levá-lo até um hospital específico para cada especialidade. Não fique desanimado se o veterinário que você encontrou for relativamente recém-formado. Mesmo que ele não tenha muita experiência, isso pode ser compensado pelo apoio da equipe sênior. Além disso, veterinários mais jovens geralmente estão mais a par dos avanços recentes na medicina veterinária, em comparação com veterinários mais experientes que podem estar desatualizados em relação a novos estudos.

A próxima coisa a considerar é a distância da sua casa. Se seu Labrador precisar de atendimento de emergência, cada minuto pode ser questão de vida ou morte para ele. Embora você não precise necessariamente escolher a clínica veterinária mais próxima, é uma boa ideia poder chegar ao veterinário em até 20 minutos, se necessário.

Outra coisa para considerar é se serviços extras são importantes para você. Algumas clínicas veterinárias oferecem serviços adicionais, como banho e tosa, hospedagem, aulas de adestramento, aulas de socialização para filhotes, serviços de controle de peso, serviços para cães diabéticos e consultas com enfermeiros veterinários. Apesar de não ser essencial ter acesso a todos esses serviços na clínica que você escolher, concentrá-los em um só lugar pode ser bom para o seu Labrador, já que ele poderá ir sempre ao mesmo lugar com o qual está familiarizado.

Serviços de emergência também são um aspecto importante a ser considerado. Nem todas as clínicas veterinárias oferecem serviços de emergência fora do horário comercial. Em alguns locais, é comum que os veterinários encaminhem pacientes em horário de plantão para um estabelecimento específico em atendimentos de emergência. Isso tem seus benefícios, já que os veterinários que trabalham nesses estabelecimentos são treinados especificamente em atendimento de emergência e cuidados intensivos, e, portanto, você pode ficar tranquilo sabendo que seu Labrador está recebendo o melhor tratamento possível. No entanto, o ponto negativo é que o atendimento costuma ser mais caro, e, se necessário, você precisaria levar seu cão de volta à clínica habitual para o internamento durante o dia.

Foto cortesia de
Alli Wright

Por fim, muitas pessoas pensam na questão financeira. A maioria das clínicas veterinárias tem preços relativamente competitivos, então não deve haver uma grande variação de custo. No entanto, algumas clínicas podem oferecer programas de fidelidade ou planos de saúde para pets que permitem obter descontos em procedimentos de rotina, como castração, vacinações, tratamento antiparasitário e microchipagem. Vale a pena se inscrever nesses programas pois, além de eles te ajudarem a economizar, eles também te lembrarão de manter os cuidados preventivos do seu cão em dia.

Vacinações

As vacinações devem ser uma parte importante das medidas preventivas de saúde do seu Labrador. Existem muitas doenças fatais que podem ser facilmente prevenidas por meio de vacinas.

Seu filhote de Labrador deve começar a tomar vacinas com 8 semanas de idade. Se o criador só liberar seu filhote depois disso, ele já deve ter tomado a primeira vacina quando você for buscá-lo. O esquema de vacinação para filhotes pode exigir duas ou três vacinas, cada uma com intervalo de duas a quatro semanas, dependendo da marca da vacina e do risco de doença no local onde você mora.

Após completar o primeiro esquema vacinal, seu filhote deve receber doses de reforço com um ano de idade e, depois disso, anualmente. Algumas pessoas optam por realizar um exame de sangue para verificar os níveis de anticorpos e, em seguida, vacinar apenas quando a imunidade diminuir. No entanto, isso não é necessário, já que as vacinas são extremamente seguras, com efeitos adversos ocorrendo muito raramente.

As vacinas são divididas em duas categorias: vacinas essenciais e não essenciais. As vacinas essenciais variam dependendo da prevalência de doenças em cada local, mas as doenças comuns contra as quais se vacina incluem parvovirose, cinomose, hepatite (adenovírus canino), leptospirose, Parainfluenza, *Bordetella* e raiva.

A parvovirose é uma doença que afeta principalmente filhotes, embora cães de qualquer idade possam contraí-la. Ela é causada por um vírus e pode ser letal, causando sangramento intestinal e diarreia. Alguns cães também podem vomitar, levando à desidratação rápida. Ela é contraída principalmente por transmissão fecal-oral ou compartilhamento de comedouros e bebedouros.

A hepatite, também conhecida como adenovírus canino, é uma doença que afeta o fígado. A inflamação no fígado pode causar febre, vômito, letargia, diarreia, icterícia, linfonodos aumentados e, eventualmente, pode levar à morte.

A cinomose é um vírus que afeta muitos sistemas corporais diferentes. Inicialmente, ela causa vômito, espirros e tosse, bem como espessamento nas almofadas das patas e na ponta do nariz. Quando o vírus se espalha para o cérebro, ela também causa convulsões.

A leptospirose tem muitas variantes diferentes, conhecidas como sorotipos. Alguns veterinários vacinam contra os dois mais comuns, outros vacinam contra quatro. Pode causar sintomas semelhantes à hepatite, como vômito, diarreia e icterícia, mas também causa sintomas neurológicos. Afeta principalmente os rins, fígado, sistema nervoso central e sistema reprodutivo.

A tosse dos canis é uma doença cuja vacina é borrifada pelo nariz. Ela é, na verdade, um complexo de doenças, comumente causadas pela combinação de *Bordetella* e Parainfluenza. Como o próprio nome sugere, ela causa uma tosse áspera, semelhante ao som que um ganso faz, ou uma tosse seca, e pode fazer com que catarro seja expelido, o que pode ser facilmente confundido com vômito.

Por fim, a vacinação contra a raiva é essencial em áreas do mundo onde a doença é endêmica. A raiva é uma doença altamente letal que afeta o cérebro e é transmitida quando saliva contaminada entra em conta-

to com o sangue. Isso pode ocorrer através de mordidas ou simplesmente pelo contato da saliva com um arranhão. Ela também pode ser transmitida aos humanos.

As vacinas contra cinomose, hepatite e parvovirose são frequentemente combinadas em uma única vacina injetável, que às vezes também é combinada com a vacina contra leptospirose e, possivelmente, Parainfluenza. Se a vacina contra a Parainfluenza não for administrada na forma injetável, pode ser combinada com a vacina contra a *Bordetella* em uma vacina que é borrifada pelo nariz. A vacina contra a raiva, no entanto, é administrada como uma vacina injetável individual.

Microchipagem

Um microchip é um implante metálico do tamanho de um grão de arroz que pode ser inserido na nuca do seu cão através de uma injeção feita pelo veterinário. Uma injeção para inserir um microchip pode parecer dolorosa, mas a dor passa rápido. A maioria dos filhotes terá esquecido dela segundos após a injeção.

Um microchip é uma ótima ideia pois, se seu Labrador se perder ou for roubado e, posteriormente, recolhido por agências de controle animal ou levado a um veterinário, uma rápida leitura do microchip permitirá que ele seja devolvido a você. Em certas partes do mundo, como no Reino Unido, os microchips são exigidos por lei.

Como já mencionado, o microchip é inútil se seus dados não estiverem atualizados. Cada vez que você mudar de casa ou trocar de número de celular, deve entrar em contato com a empresa do banco de dados do microchip para alterar seus dados. Dessa forma, você garante que as pessoas conseguirão entrar em contato com você se encontrarem seu cão.

Parasitas Externos

As pulgas são parasitas externos comuns, que representam uma grande ameaça para a saúde do seu Labrador. Dependendo de onde você vive, ácaros da sarna e carrapatos também podem representar uma ameaça.

Seu Labrador pode se infectar com parasitas externos através de outros animais, do ambiente e até mesmo de você, que pode trazê-los para dentro de casa em suas roupas. A picada de pulgas e ácaros causa coceira intensa, resultando em uma erupção vermelha visível e fazendo seu Labra-

Foto cortesia de
Chris Norton

dor se coçar. A diferença é que os ácaros são microscópicos, e as pulgas podem ser vistas a olho nu. Apesar disso, 95% das pulgas vivem no ambiente, o que significa que nem sempre são visíveis no seu cão. Um teste fácil para ver se seu cão tem pulgas é esfregar um papel toalha branco sobre o pelo dele para remover um pouco da sujeira visível. Se a sujeira removida contiver pulgas ou fezes de pulgas, ao pingar uma pequena quantidade de água sobre ela, o papel toalha ficará manchado de marrom ou vermelho escuro.

Os carrapatos, por outro lado, não costumam causar desconforto, a menos que a picada infeccione. A maior preocupação é que os carrapatos podem transmitir doenças para o seu cão e, portanto, devem ser removidos rapidamente ou prevenidos. Vale a pena ter à mão uma pinça para retirar carrapatos, que pode ser comprada em clínicas, pet shops ou lojas online. A pinça permite a remoção fácil do carrapato sem tocá-lo e garante que as peças bucais dele sejam removidas completamente, pois é quando estas são deixadas na pele que a infecção pode ocorrer.

Parasitas externos podem ser prevenidos com tratamento antiparasitário. O tratamento preventivo pode durar de algumas semanas a alguns meses, dependendo do produto utilizado. Os medicamentos estão disponíveis na forma de comprimidos, petiscos, pipetas spot-on e coleiras. Você também pode usar shampoos antiparasitários, mas eles não continuam protegendo por semanas ou meses, diferente dos medicamentos. Alguns tratamentos antiparasitários podem ser comprados em pet shops, e outros podem ser comprados em clínicas veterinárias. Os produtos das clínicas, no entanto, costumam ser prescritos; por isso, eles geram um menor desenvolvimento de resistência contra o medicamento e tendem a funcionar melhor.

Parasitas Internos

Assim como os parasitas externos, também é preciso fazer tratamentos de rotina contra parasitas internos. Os tipos mais comuns de vermes incluem:

- **Vermes intestinais redondos e tênias:** causam diarreia, perda de peso e inchaço. Em casos extremos, podem causar bloqueios gastrointestinais possivelmente fatais.

- **Vermes pulmonares:** impedem que o sangue coagule e podem causar sangramento nos olhos. Também causam tosse, que pode levar a dificuldades respiratórias, já que causam danos aos pulmões.

- **Dirofilariose:** se reproduzem no sistema circulatório e podem causar bloqueios no coração, artérias e pequenos vasos nos pulmões e os que levam ao cérebro, colocando a vida do cão em risco.

Alguns tratamentos contra pulgas também tratam esses vermes; nesses casos, a aplicação de um medicamento cobre todos os tipos de parasitas. No entanto, você deve seguir as recomendações do seu veterinário sobre quais tratamentos usar no seu cão.

Geralmente, recomenda-se realizar tratamentos abrangentes contra vermes redondos e tênias a cada três meses, se seu cão vasculha lixo, ou a cada seis meses, se ele não costuma fazer isso. Portanto, Labradores com apetites vorazes certamente precisarão ser vermifugados a cada três meses! Se você vive em uma área com alta incidência de vermes pulmonares, seu cão precisará de tratamento contra vermes redondos todos os meses, e de tratamento contra tênias a cada três meses.

Castração

Se você não planeja cruzar seu Labrador (algo que você só deveria considerar se for um criador experiente), o melhor para seu Labrador é ser castrado. A castração de machos previne acasalamentos indesejados, reduz o instinto de fuga (o que pode levar a acidentes de trânsito), previne a frustração sexual, reduz a marcação de território, as tendências agressivas (embora o Labrador não seja agressivo por natureza), os riscos de problemas da próstata, e elimina a chance de o cão desenvolver cânceres dos órgãos reprodutivos. A castração de fêmeas evita a sujeira relacionada ao período do cio, previne gestações indesejadas, reduz e quase elimina as chances de câncer de mama, previne câncer de útero e ovário, e previne uma infecção uterina possivelmente fatal chamada piometra.

Seja para machos ou fêmeas, a castração requer que o cão passe o dia na clínica veterinária. Seu Labrador precisará ser deixado no início do dia, em jejum. Geralmente, a cirurgia é feita pela manhã e seu cão recebe alta à tarde, após algumas horas de observação. O efeito da anestesia só passará no final do dia, então não se preocupe se seu Labrador parecer um pouco abatido. Você pode dar a ele uma refeição simples, como frango e arroz, e deixá-lo dormir pelo resto do dia. No dia seguinte, você deve notar uma grande melhora. Nas duas semanas seguintes à cirurgia, é muito importante que você não deixe seu Labrador correr muito, pular ou lamber o local da incisão. Isso pode fazer com que os pontos caiam e a ferida infeccione, o que retardará significativamente a cicatrização e exigirá mais cuidados e remédios. A maioria dos veterinários gosta de verificar a incisão após dois a três dias e, depois, após 14 dias, para retirar os pontos.

Plano de Saúde Pet

Ao comprar ou resgatar um Labrador, considere fazer um plano de saúde pet. Como discutido no Capítulo 12, os Labradores são propensos a muitas doenças, e ter um plano de saúde lhe dará tranquilidade de que os gastos relacionados a essas doenças poderão ser cobertos até certo ponto. Gastos veterinários podem chegar a milhares de reais muito rapidamente e de forma inesperada, e muitas pessoas não podem arcar com despesas altas e repentinas. O plano de saúde pet, portanto, lhe permitirá tomar decisões sobre a saúde do seu Labrador sem muita preocupação com as finanças.

Ao escolher uma seguradora, leia as informações com cuidado. Existem vários tipos diferentes de planos. Alguns disponibilizam um número limitado de consultas e procedimentos por mês ou ano, outros oferecem cobertura por categoria de serviço (consultas, exames, cirurgias), e alguns têm franquias ou co-participação para diferentes tipos de atendimento. Não há opção certa ou errada, mas algumas podem funcionar melhor para você do que outras. Em muitas seguradoras, também existem três níveis diferentes de cobertura, além de como os benefícios são estruturados:

- Cobertura para acidentes

- Cobertura para acidentes e doenças

- Cobertura para acidentes, doenças e cuidados de rotina (que inclui valores para vacinações, controle de parasitas, castração e cuidados odontológicos)

Se você resgatar ou comprar um Labrador mais velho, poderá encontrar algumas restrições da seguradora em sua apólice. Eles podem colocar limites ou solicitar uma coparticipação ou franquia mais alta cada vez que o plano for usado. Alguns podem até dar um reembolso menor por uso, além de cobrarem uma franquia. Por isso, esteja ciente de que a apólice padrão nem sempre se aplica a cães mais velhos. Da mesma forma, se você tiver seu Labrador desde filhote e só fizer um plano de saúde quando ele for mais velho, provavelmente terá uma apólice pior do que se o plano tivesse sido feito quando ele era filhote. Isso ocorre porque a seguradora está assumindo mais riscos, já que cães idosos tendem a ter mais problemas de saúde.

Vale a pena fazer um plano de saúde para o seu Labrador assim que você o trouxer para casa, pois qualquer doença que ele já tenha ou que apareça durante o período de carência não será coberta pelo plano. Por outro lado, se seu seguro já estiver em vigor e fora do período de carência quando seu cão precisar de tratamento, ele estará coberto conforme os termos do plano de saúde contratado. Como os Labradores podem ser propensos a muitas doenças caras e crônicas, um plano de saúde com boa cobertura para tratamentos contínuos é recomendado.

Se você sente que pagar um plano de saúde pet é jogar dinheiro fora, saiba que muitos tutores também pensam assim. Se esse for seu caso, pode ser útil abrir uma conta especial para guardar dinheiro para seu Labrador. Infelizmente, é provável que a quantia guardada não seja suficiente para o que você realmente pode gastar se seu Labrador sofrer um acidente ou desenvolver uma doença crônica ou incurável. Se isso acontecer, você pode acabar descobrindo que o plano de saúde compensaria ao longo da vida do seu cão.

O plano de saúde pet eliminará grande parte da preocupação em cuidar do seu Labrador, pois, se algo inesperado surgir, você saberá que ele está coberto. Portanto, ao contratar um plano e oferecer os cuidados veterinários preventivos descritos neste capítulo, você pode garantir que está dando ao seu cão as melhores chances de viver uma vida saudável e feliz.

CAPÍTULO 12
Problemas de Saúde do Labrador Retriever

Assim como acontece com a maioria dos cães de raças puras, os Labradores Retrievers podem ter predisposição genética a desenvolver certos problemas de saúde. Esses problemas surgem do cruzamento entre parentes próximos e da seleção inadequada de reprodutores pelos criadores. A maioria dos criadores registrados na CBKC busca eliminar doenças ligadas a genes através de testes genéticos rigorosos, evitando reproduzir cães que desenvolvam alguma doença. No entanto, criadores menos profissionais e criadores fundo de quintal podem ser menos rigorosos na escolha dos reprodutores, aumentando a chance de problemas de saúde surgirem na ninhada. Por isso, vale a pena investir em um filhote de um criador registrado na CBKC e que tenha reputação de criar filhotes saudáveis e de alta qualidade.

Doenças Cardíacas

Doenças cardíacas são problemas de saúde que afetam o coração ou o sistema circulatório. Eles podem ser fatais.

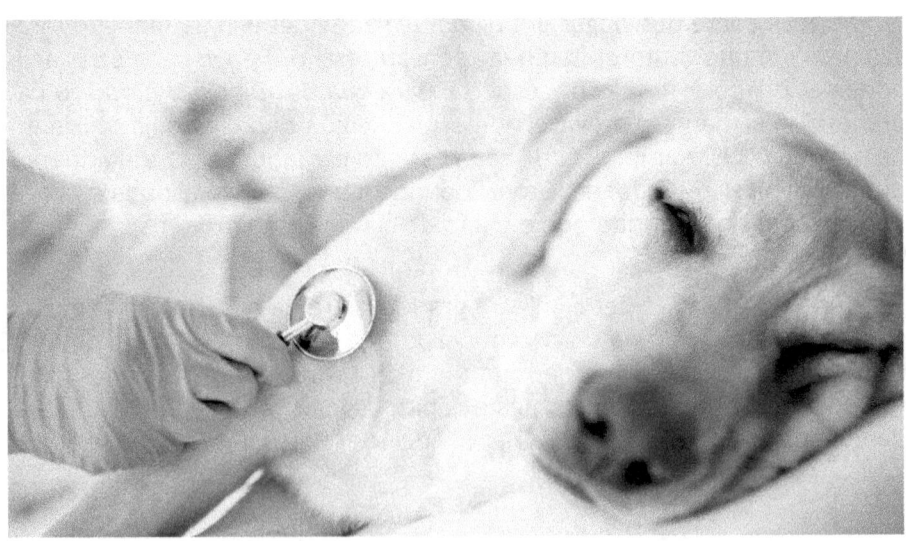

Bloqueio Atrioventricular

O músculo cardíaco é estimulado por impulsos elétricos para contrair e bombear o sangue para fora do coração. Isso acontece em um ritmo regular, produzindo batimentos cardíacos regulares. A alteração no ritmo, chamada arritmia, está associada a um leve aumento na velocidade ao inspirar e diminuição ao expirar.

Um bloqueio atrioventricular ocorre quando apenas a metade superior do coração recebe o sinal elétrico para bater, e a metade inferior não. Isso faz com que o coração perca parte do batimento, e é denominado bloqueio atrioventricular (ou bloqueio AV). Às vezes, isso pode acontecer de forma intermitente, conhecido como bloqueio AV de segundo grau, e às vezes acontece a cada batimento, conhecido como bloqueio AV de terceiro grau.

Os sintomas incluem intolerância ao exercício, desmaios e, em casos graves, insuficiência cardíaca.

O bloqueio AV pode ser tratado com medicamentos para ajudar o coração a bater de forma mais regular e eficaz, porém casos graves podem exigir a implantação de um marca-passo.

Efusão Pericárdica

O pericárdio é uma membrana que envolve o coração. O acúmulo de líquido dentro do pericárdio, ao redor do coração, é chamado de efusão pericárdica. Labradores machos têm maior risco do que as fêmeas. Existem muitas razões para o acúmulo de líquido ao redor do coração, como insuficiência cardíaca primária. No entanto, em Labradores, a principal razão parece ser "idiopática", o que significa de causa desconhecida ou sem causa aparente.

Os sintomas da efusão pericárdica estão relacionados ao coração ter menos espaço para bombear, devido à restrição do líquido ao seu redor. Esses sintomas incluem desmaios, acúmulo de líquido no abdômen devido ao retorno do sangue que tenta entrar no coração, baixa pressão sanguínea, e fraqueza.

O líquido pode ser drenado do pericárdio por um veterinário, o que geralmente resolve os sintomas, a menos que a causa subjacente faça o líquido retornar.

Displasia da Válvula Tricúspide

A válvula tricúspide é uma válvula dentro do lado direito do coração que impede o refluxo de sangue quando o músculo cardíaco se contrai. A displasia da válvula tricúspide é uma malformação da válvula, que a torna defeituosa. Isso pode levar a um sopro cardíaco, devido ao fluxo sanguíneo turbulento dentro do coração, e ao aumento do lado direito do coração, devido a uma sobrecarga no volume sanguíneo.

Os sintomas clínicos incluem fadiga e batimentos cardíacos acelerados, que eventualmente levam a sintomas de insuficiência cardíaca, como acúmulo de líquido abdominal (conhecido como ascite) e líquido nos pulmões.

O prognóstico depende da gravidade da displasia. Se for leve, ela pode ser controlada com medicamentos que melhoram a eficácia de bombeamento do coração e reduzem o acúmulo de líquido nos pulmões e abdômen.

Doenças Dermatológicas

Doenças dermatológicas são problemas que afetam a pele. Embora não sejam fatais, podem causar desconforto significativo.

Dermatite Atópica

A dermatite atópica, também conhecida como alergia de pele, se manifesta de várias maneiras. A forma mais comum é a coceira na pele, geralmente nas regiões da barriga, virilha, axilas e patas. Os canais auditivos também podem ficar inflamados e, em casos mais raros, o intestino pode ficar irritado, levando à diarreia. Não parece haver um padrão entre os diferentes alérgenos e as diferentes áreas que ficam inflamadas no corpo, variando em cada caso. Os alérgenos podem incluir proteínas alimentares (como frango, carne bovina etc.), alérgenos ambientais (como grama, pólen etc.) e insetos (como ácaros, pulgas etc.).

É incomum que um cão seja alérgico a apenas uma coisa, e geralmente vários alérgenos estão envolvidos. Descobrir quais são os culpados é um processo de eliminação. Existe a opção de realizar exames de sangue para investigar a reação a diferentes alérgenos, mas esses exames podem ser caros, além de trazerem resultados inespecíficos e inconclusivos. Mesmo assim, em alguns casos, os resultados podem ser úteis para evitar alérgenos ou criar uma vacina contra as alergias.

Além do desenvolvimento de vacinas contra alérgenos, existem várias opções de tratamento para controlar alergias. Elas visam reduzir a inflamação na pele ou reduzir a resposta imunológica, e incluem esteroides, anti-histamínicos e imunossupressores. Também existem maneiras de cuidar da pele para que a barreira cutânea fique em melhor estado e não inflame tanto. Isso inclui adicionar óleos ômega à dieta, que são anti-inflamatórios naturais e melhoram a saúde da barreira cutânea, e shampoos calmantes, como o shampoo de aveia.

Infelizmente, a dermatite atópica é uma condição crônica e sem cura, por isso é importante encontrar a maneira mais eficaz de gerenciá-la.

Doenças Endócrinas

Doenças endócrinas são problemas que afetam os órgãos ou glândulas que produzem e secretam hormônios na corrente sanguínea, os quais regulam o metabolismo, crescimento, função dos tecidos, sono, humor e reprodução.

Diabetes Mellitus

O diabetes mellitus é mais comum em Labradores castrados do que não castrados. Isso é o oposto do que ocorre em outras raças, onde a castração de fêmeas na verdade reduz as chances de diabetes.

O diabetes é uma condição onde a insulina não é produzida, ou as células do corpo não respondem à insulina, resultando em um alto nível de glicose (açúcar) no sangue. Este alto nível, por sua vez, pode causar sintomas como aumento da sede, aumento da micção, mudança nos níveis de fome (que geralmente são inicialmente aumentados, depois diminuem), cataratas, perda de peso e fraqueza. Se não for tratado, o diabetes pode ser fatal.

O diabetes é tratado com injeções de insulina, que são administradas na nuca. Apenas pequenas quantidades de insulina são necessárias, e as agulhas são minúsculas, o que significa que seu Labrador provavelmente nem vai sentir a picada. As injeções são administradas duas vezes ao dia, com 12 horas de intervalo, após uma refeição. Inicialmente, o veterinário precisará fazer um monitoramento frequente dos níveis de glicose para ajustar as injeções de insulina à quantidade ideal. No entanto, uma vez que o volume ideal tenha sido descoberto, o prognóstico é bom se o problema continuar a ser tratado.

Hipotireoidismo

A glândula tireoide produz hormônios tireoidianos que controlam o metabolismo do corpo. A maioria dos casos de hipotireoidismo se desenvolve a partir da destruição da glândula tireoide e, portanto, da incapacidade de produzir hormônios tireoidianos.

Pode ser difícil perceber se seu cão tem hipotireoidismo, pois os sintomas clínicos podem ser inespecíficos. Sinais comuns incluem aumento de peso sem aumento do apetite, lentidão mental, letargia ou falta de vontade de se exercitar, busca por lugares quentes e alterações na pele e pelagem, como pele seca, pelagem sem brilho, aumento da queda de pelos, afinamento do pelo e infecções de pele.

Seu veterinário pode investigar o hipotireoidismo com um exame de sangue, e a suplementação oral com hormônios tireoidianos geralmente resulta em uma grande melhora dos sintomas.

Problemas Digestivos

O sistema digestivo é composto por todos os órgãos envolvidos no trânsito e metabolismo dos alimentos, que incluem o estômago, intestinos, pâncreas e fígado. Doenças que afetam o sistema digestivo podem variar em gravidade e causar uma variedade de sintomas.

Desvio Portossistêmico

O fígado é vital para converter nutrientes em formas utilizáveis, bem como para converter produtos residuais e toxinas, prontos para serem excretados do corpo. No entanto, quando um filhote é um feto, o fígado não precisa fazer nenhum trabalho, já que nenhum alimento está sendo ingerido. Portanto, o sangue é desviado do fígado através de um atalho, para reduzir a resistência e facilitar o fluxo sanguíneo.

No final da gestação, esse desvio se fecha, e o fígado se torna funcional. No entanto, o Labrador Retriever tem um risco genético aumentado de o desvio (ou "shunt", em inglês) portossistêmico permanecer, resultando em um uso diminuído do fígado. Isso pode causar um acúmulo perigoso de amônia, proveniente de proteínas digeridas, o que pode ter grandes consequências para o corpo. Os sintomas incluem aumento da sede, vômitos,

diarreia e bater a cabeça contra a parede (devido a uma condição chamada encefalopatia hepática).

A cirurgia é o tratamento ideal para fechar o shunt. No entanto, para alguns cães, a condição deve ser gerenciada clinicamente com medicamentos para reduzir o acúmulo de líquido no cérebro e diminuir os sinais neurológicos, em combinação com uma dieta pobre em proteínas para reduzir a amônia.

Doenças Ortopédicas

"Os Labradores são conhecidos por terem problemas de quadril e cotovelo, por isso é importante encontrar um criador que faça os exames necessários. Mesmo com os exames adequados, ainda existe a chance de seu filhote sofrer com problemas articulares, mas é muito menor. Manter uma dieta adequada e limitar o exercício até que ele esteja totalmente desenvolvido são as melhores maneiras de evitar que seu filhote tenha problemas articulares."

Kathy Jackson
Karemy Labs

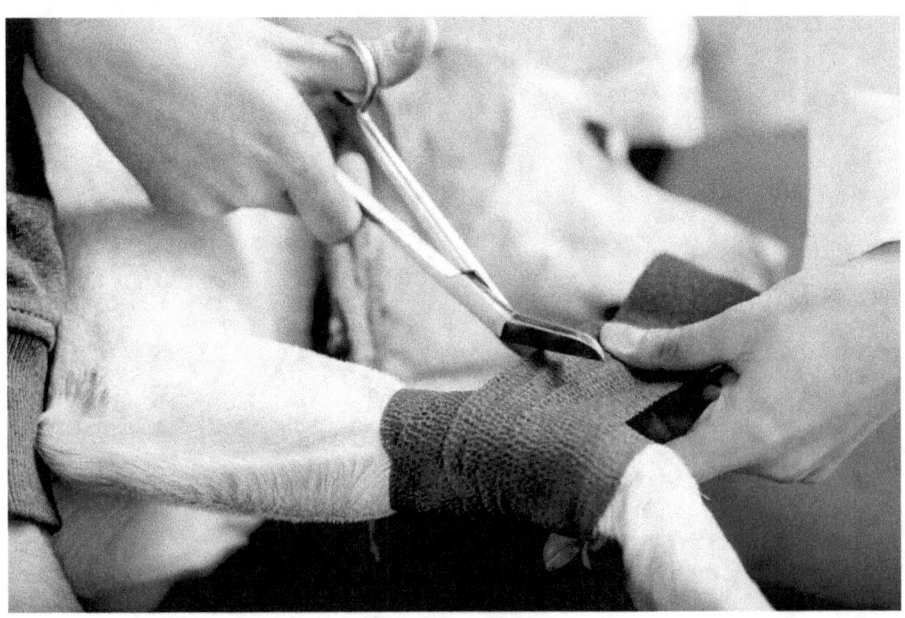

Doenças ortopédicas afetam a composição musculoesquelética do corpo. Isso inclui ossos, articulações, músculos, ligamentos e tendões. Esses problemas costumam ser dolorosos.

Lesão do Ligamento Cruzado

Existem dois ligamentos cruzados que mantêm o joelho do cão unido. No entanto, o ligamento cruzado cranial, que é o da frente, pode ser propenso a lesões. Isso causa uma instabilidade na articulação do joelho e desconforto considerável. Os que têm maior risco são os Labradores castrados, especialmente os machos, e aqueles com mais de quatro anos de idade.

As lesões do ligamento cruzado podem ser um rompimento parcial ou total, e resultam em uma claudicação, onde seu Labrador pode tentar evitar apoiar peso na perna. Elas podem ser tratadas com várias técnicas cirúrgicas diferentes, ou repouso total em caixa de transporte ou gaiola. No entanto, em cães maiores, como um Labrador, a cirurgia proporcionará um resultado melhor.

Displasia Articular, Osteocondrose e Osteoartrite

A displasia articular do quadril ou cotovelo é uma condição comum em cães de raças grandes, e o Labrador é um dos mais suscetíveis. O quadril é

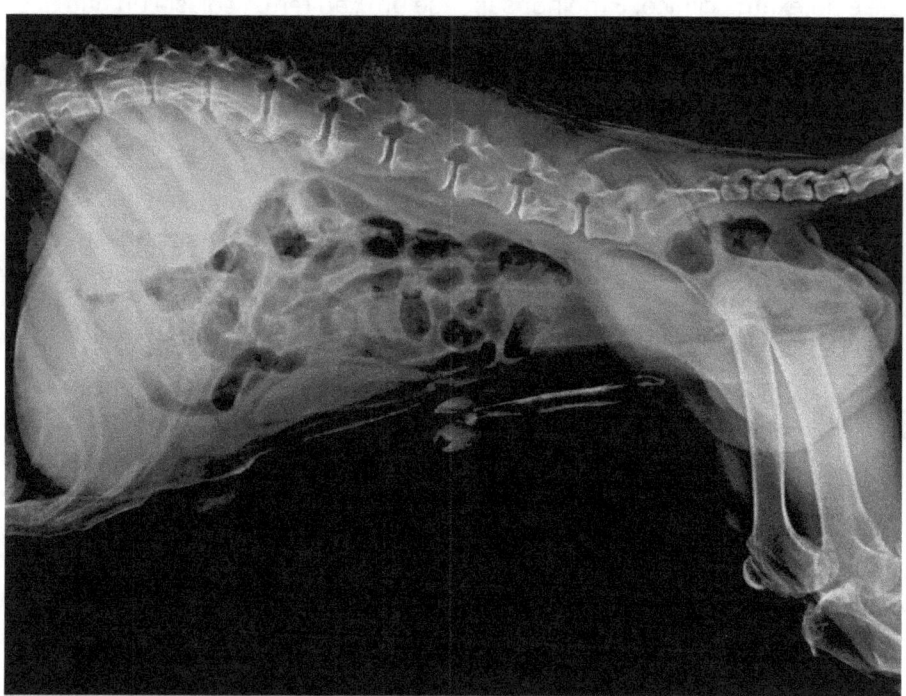

uma articulação de bola e soquete onde a cabeça do fêmur (bola) se encaixa em um soquete na pelve. Normalmente, isso deve ser uma combinação perfeita, como peças de um quebra-cabeça. No entanto, quando um cão tem displasia de quadril, a bola ou o soquete não se formam corretamente. Quando as formas não combinam bem, a articulação fica menos estável quando se move. Em casos graves de displasia de quadril, a bola pode luxar para fora do soquete do quadril conforme se move, resultando em uma marcha instável e oscilante se vista por trás.

A displasia do cotovelo, por outro lado, tem muitos elementos diferentes. Não é uma articulação tão simples quanto o quadril, e pode haver múltiplas anormalidades no desenvolvimento dessa displasia. O problema mais comum envolvido é a osteocondrite dissecante (OCD), que ocorre quando uma aba de cartilagem articular se separa da superfície interna da articulação. Além disso, várias partes diferentes dos ossos envolvidos na articulação podem se soltar. É o caso, por exemplo, da não união do processo ancôneo (NUPA) e da fragmentação do processo coronoide medial (FPCM). Isso acaba levando à claudicação ou a uma marcha incomum.

A displasia articular geralmente é diagnosticada com base em radiografias ou artroscopia; no entanto, a maioria dos veterinários pode suspeitar que um cão está sofrendo de displasia de quadril ou cotovelo apenas com base no exame clínico. É melhor saber se um cão tem displasia ou não desde jovem, pois se não for detectada, a osteoartrite se instalará em um estágio inicial, o que é discutido mais adiante no Capítulo 16. Isso pode ser mitigado com mudanças no estilo de vida, como manter seu cão controlado em caminhadas, evitando pular demais, e fisioterapia, como hidroterapia, para desenvolver músculos. Suplementos articulares também ajudam a manter a saúde das articulações. O peso do cão também desempenha um grande papel nisso, pois um cão mais leve terá menos força gravitacional atuando sobre as articulações e, portanto, menos pressão. Inevitavelmente, todos os cães que têm displasia articular terão osteoartrite em algum momento da vida. No entanto, o objetivo é adiar isso o máximo possível.

A cirurgia é uma opção para casos graves de displasia de cotovelo e quadril. Na displasia do cotovelo, a cirurgia geralmente envolve a remoção de fragmentos ósseos ou cartilaginosos. Às vezes, um NUPA pode ser reconectado com o uso de parafusos se a cirurgia for feita em cães muito jovens. Com a displasia de quadril, a articulação do quadril pode ser modificada removendo a cabeça do fêmur, remodelando-a e substituindo-a, ou retirando-a completamente. Tanto na displasia de quadril quanto na de cotovelo, a substituição total da articulação é o tratamento cirúrgico padrão-ouro. No entanto, com implantes, os custos podem ser muito altos, pois essa cirurgia requer muita habilidade do cirurgião e peças de implante caras.

Prevenir é sempre melhor que remediar. Por isso, ao comprar um filhote de um criador que tenha feito radiografias e pontuação das articulações dos cães reprodutores, você pode evitar comprar cães com genética ruim, como falamos no Capítulo 4. A pontuação de quadril e cotovelo pode ser feita através de veterinários especializados em ortopedia veterinária no Brasil, ou através de programas internacionais como o PennHIP nos EUA.

Cauda Flácida

A cauda flácida também é conhecida como "cauda de leme", "cauda de nadador", "cauda de água fria", "cauda mole" e "abano quebrado". Ela ocorre quando a cauda fica flácida e quase não se move. Esse problema costuma ser facilmente identificado em Labradores, que geralmente abanam o rabo sem parar.

A condição costuma ser dolorosa, e é possível notar um pouco de inchaço na base da cauda, que é onde está o músculo coccígeo. É mais comum em cães de trabalho ou cães que nadam regularmente. Apesar de a causa e o papel dos genes na doença não estarem muito claros, ela parece estar associada a uma lesão no músculo coccígeo.

Geralmente, o problema se resolve por si só dentro de alguns dias a semanas. No entanto, o veterinário do seu cão provavelmente prescreverá alguns anti-inflamatórios para reduzir o desconforto.

Panosteíte

A panosteíte é uma condição que afeta cães pequenos (6-16 meses de idade), de crescimento rápido, de raças grandes, e pode ser comparada a dores de crescimento. Acredita-se que genética, estresse e condições autoimunes estejam ligados ao seu desenvolvimento. No entanto, a causa subjacente ainda é desconhecida.

Os sintomas incluem claudicação, dor, calor, falta de apetite e desconforto ao tocar os ossos longos das pernas. Às vezes, apenas um osso é afetado; outras vezes, vários ossos estão envolvidos.

O tratamento visa aliviar a dor; no entanto, a condição é autolimitante e se resolve por conta própria.

Tumores

Câncer é uma palavra assustadora; no entanto, nem todos os tumores são iguais. Alguns se espalham rapidamente pelo corpo, resultando em uma redução significativa da expectativa de vida, enquanto outros se espalham muito lentamente ou não se espalham. Os Labradores são propensos a vários tipos de tumores, alguns dos quais são benignos, e outros que são malignos e agressivos.

Hemangiossarcoma

O hemangiossarcoma é um tumor de origem vascular, o que significa que é cheio de sangue e geralmente de cor vermelha. Eles geralmente aparecem em cães mais velhos; em Labradores, a idade média para desenvolver um hemangiossarcoma (se isso ocorrer) é de 10 anos.

Às vezes, pode ser difícil saber se seu Labrador tem um hemangiossarcoma, pois eles nem sempre ficam evidentes na pele. Eles também podem se desenvolver no baço ou fígado, ou se espalhar da pele para esses órgãos.

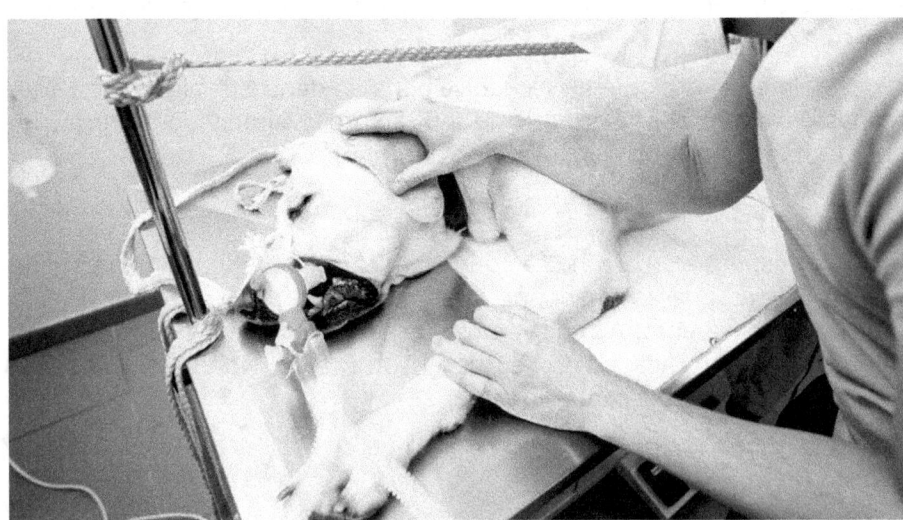

A cirurgia é o tratamento ideal para remover os tumores e deve ser feita o mais cedo possível, pois como eles surgem dos vasos sanguíneos, podem se espalhar muito facilmente para outros órgãos através do sangue.

Lipoma

Um lipoma é um tumor benigno da pele, originado de células de gordura. Eles geralmente ocorrem em animais obesos, e os Labradores são propensos à obesidade. Geralmente, são tumores macios e redondos, que se movem quando tocados.

Mesmo que os lipomas sejam benignos e não representem risco de vida, eles podem crescer muito, resultando em desconforto para o seu cão.

Lipomas são curados através de cirurgia. Desde que o tumor seja completamente excisado, ele não voltará.

Mastocitoma

Os mastocitomas se originam de mastócitos e geralmente se desenvolvem primeiro na pele, antes de se espalharem para órgãos internos. Os locais mais comuns são a barriga e os membros.

Os mastócitos são glóbulos brancos que liberam histamina, resultando em tumores potencialmente pruriginosos ou desconfortáveis, além de aumentar e diminuir de tamanho. Eles são classificados em uma escala de I a III, sendo I de baixo grau e III agressivo e de alto grau. O grau do tumor determina a probabilidade de ele se espalhar pelo corpo e causar problemas.

A remoção cirúrgica é o tratamento ideal. No entanto, para tumores de grau II ou III, ou tumores com evidência de disseminação pelo corpo, a cirurgia pode ser seguida por quimioterapia.

Osteossarcoma

Um osteossarcoma é um tumor ósseo, que pode ser agressivo. Os ossos mais comumente afetados são o rádio, o úmero, o fêmur ou a tíbia. O sinal clínico mais comum é a claudicação, em combinação com o inchaço do osso.

Como os ossos afetados são geralmente os ossos da perna, a amputação da perna pode ser necessária, seguida de quimioterapia. No entanto, o prognóstico ainda é ruim; cães não tratados vivem não mais do que alguns meses, e cães que passaram por cirurgia vivem em média apenas mais cinco meses.

Doenças Neurológicas

Doenças neurológicas que se manifestam em cães jovens são frequentemente hereditárias. Estas condições afetam o cérebro e a medula espinhal. Doenças que aparecem em idades mais avançadas têm menos probabilidade de estarem ligadas à genética.

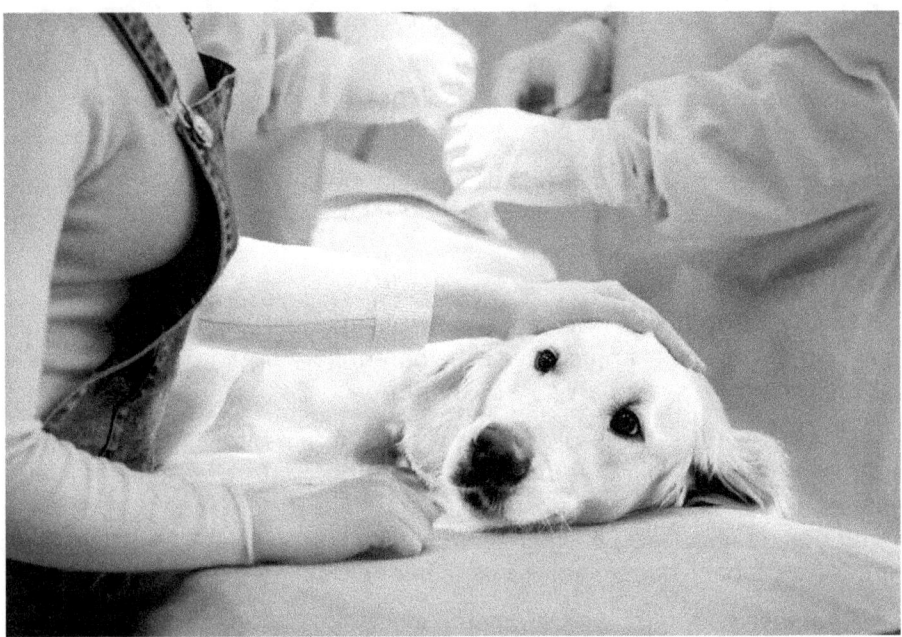

Epilepsia

A epilepsia é uma condição que causa convulsões. No entanto, nem todas as convulsões são causadas pela epilepsia. Outras causas de convulsões, como anormalidades cerebrais, encefalite e encefalopatia hepática, precisam ser descartadas primeiro, antes que um diagnóstico de epilepsia possa ser feito.

Mesmo que as convulsões possam ser traumáticas tanto para você quanto para seu Labrador, existem medicamentos disponíveis para reduzir a frequência delas e permitir que seu cão viva uma vida relativamente normal. No entanto, se a convulsão durar mais de cinco minutos ou se acontecer em clusters (várias convulsões em um curto espaço de tempo), isso é uma indicação de que você deve levar seu Labrador urgentemente ao veterinário para uma reavaliação.

Doenças Oculares

Doenças oculares referem-se a problemas que afetam qualquer uma das estruturas do olho.

Catarata

A catarata é uma doença do cristalino no olho, que se torna branco e opaco, levando à cegueira. O cristalino é a parte do olho que muda de forma para poder direcionar a luz para a parte de trás do olho. Se isso não funcionar, a visão fica embaçada. A catarata acontece quando o cristalino começa a ficar opaco.  Alguns cães a desenvolvem em apenas um olho, e outros a desenvolvem bilateralmente.

Um veterinário diagnosticará a catarata utilizando um oftalmoscópio, um dispositivo que emite uma luz sobre olho e a reflete de volta para uma lente de aumento. Se a luz brilhar até o fundo do olho, onde está a retina, o cristalino está normal. No entanto, se a luz refletir no cristalino, significa que ele desenvolveu uma catarata.

A esclerose nuclear, a olho nu, parece muito com uma catarata. Trata-se de uma condensação normal das fibras do cristalino, que acontece com a idade. No entanto, ela não é opaca e, portanto, com o oftalmoscópio, o veterinário consegue visualizar o fundo do olho.

Não há nenhum medicamento que possa ser aplicado ao olho para tratar uma catarata. No entanto, um oftalmologista veterinário pode substituir o cristalino em um hospital, mas esta é uma cirurgia incomum e requer muita técnica.

Atrofia Progressiva da Retina

Abreviada como APR, a atrofia progressiva da retina é uma doença hereditária recessiva. Animais reprodutores podem ser testados para a presença dela, o que é a coisa responsável a se fazer por qualquer pessoa que pretenda criar um Labrador.

Ela causa perda gradual da visão, que começa com cegueira noturna. Isso se deve à deterioração gradual da parte de trás do olho, conhecida como retina.

Não há tratamento para APR, e ela sempre levará à cegueira de ambos os olhos. É importante ressaltar que isso não é uma sentença de morte, pois os cães podem viver felizes sem visão, especialmente cães altamente inteligentes como os Labradores.

Doenças Urinárias

Doenças urinárias são problemas que afetam os rins, a bexiga ou os tubos que os conectam, conhecidos como ureteres e uretra.

Ureteres Ectópicos

O ureter é o tubo que transporta a urina dos rins para a bexiga, onde é armazenada até que haja o suficiente para o cão eliminá-la. A palavra ectópico significa fora, e ureteres ectópicos são exatamente isso: os ureteres terminam fora da bexiga, geralmente na uretra, que é o tubo que transporta a urina da bexiga para fora do corpo. Como resultado, cães com ureteres ectópicos apresentam escape constante de urina. Geralmente, o problema é mais comum em fêmeas e costuma aparecer antes de um ano de idade.

Não há nenhum medicamento para tratar a condição, e a cirurgia é a única opção para corrigir a anormalidade anatômica. Enquanto o cão espera pela cirurgia, o pelo deve ser mantido curto ao redor da área onde a urina está vazando para evitar queimaduras de urina, e a área deve ser limpa regularmente.

Doenças Respiratórias

Doenças respiratórias são problemas que afetam a respiração do seu Labrador. Eles podem afetar o nariz, narinas, garganta (laringe e faringe), traqueia, brônquios e pulmões.

Paralisia Laríngea

A laringe é a cartilagem no topo da garganta que controla a abertura para os pulmões. Quando um cão sofre de paralisia laríngea, um ou ambos os lados da laringe não se abrem completamente ao respirar, estreitando as

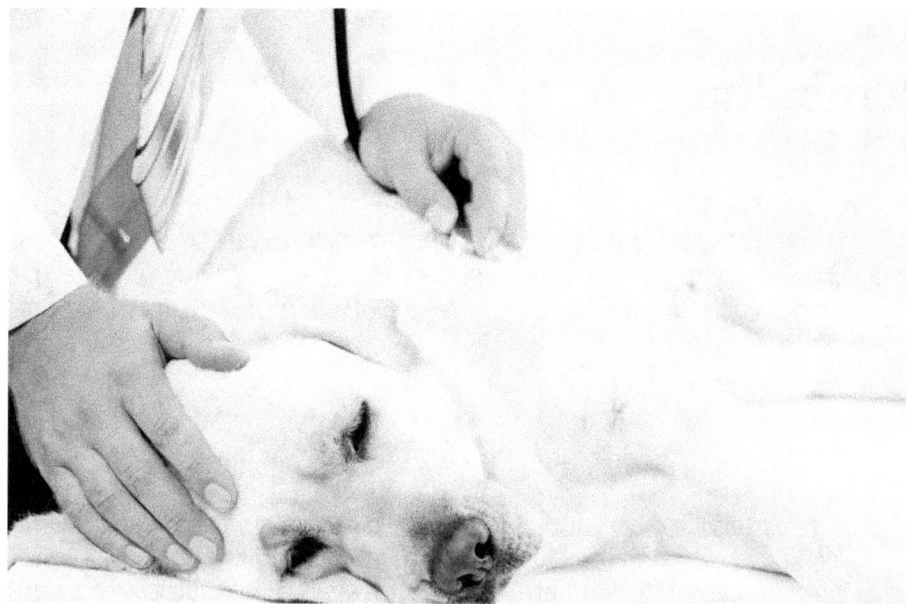

vias aéreas. Os sintomas incluem tosse, mudanças na voz e respiração ruidosa; em casos graves, pode causar dificuldade para respirar e desmaios.

O tratamento envolve aliviar os sinais de uma via aérea estreitada, o que pode ser feito com anti-inflamatórios em alguns casos. Casos graves podem exigir uma traqueotomia. A cirurgia pode ser feita para abrir mais as vias aéreas, e tem uma boa taxa de sucesso.

***

Os Labradores Retrievers são propensos a mais problemas de saúde do que a maioria dos cães de raça pura. No entanto, isso não significa que todos os Labradores desenvolverão alguma doença ao longo da vida. É importante saber a quais doenças os Labradores têm predisposição, para que você possa reconhecê-las e identificar possíveis sintomas logo no início. Assim, você pode garantir que seu Labrador tenha um bom prognóstico.

CAPÍTULO 13
Trabalho

"Acima de tudo, o Labrador é versátil. Já criamos cães que acabaram trabalhando em operações de busca e resgate em avalanches, cães de assistência, caça, ou apenas cães que se transformaram em animais de estimação de famílias."

Kathy Jackson
Karemy Labs

Mesmo que o Labrador Retriever seja muito feliz como cão de família, a raça tem uma longa história no mundo do trabalho. A natureza inata do Labrador de querer agradar, sua capacidade de adestramento e inteligência significam que, não importa o que ele se proponha a fazer, ele pode ser treinado para fazê-lo. Mesmo que pareça que seu companheiro dócil gosta mesmo é de ficar sentado ao seu lado, dentro dele existem instintos que também podem fazer dele um excelente companheiro de trabalho. De qualquer forma, independentemente de você querer ter um Labrador de trabalho ou não, este capítulo vai mostrar a você como a raça é adaptável e habilidosa.

Foto cortesia de
Mike Valant

Foto cortesia de Anne Lowry

Trabalho no Campo

Contexto Legal no Brasil:

No Brasil, a caça de animais silvestres é proibida por lei. A única exceção é a caça de javalis, por ser uma espécie exótica invasora. Em 2019, o uso de cães para a caça de javalis foi regulamentado pelo Instituto Brasileiro do Meio Ambiente e dos Recursos Naturais Renováveis (IBAMA). Nesse caso, os cães devem usar uma coleira do tipo peitoral, com uma placa de identificação que também contenha os dados do tutor. Além disso, o tutor deve portar o atestado de saúde do cão, emitido por um médico veterinário, e a carteira de vacinação atualizada. No entanto, é importante ressaltar que o uso de cães para esse propósito é polêmico, e existem muitos projetos de lei visando sua proibição. É essencial estar atento às leis vigentes e às recomendações dos órgãos ambientais.

Os Labradores Retrievers são conhecidos como "cães de caça", já que seu papel original quando a raça foi levada da Terra Nova para o Reino Unido no século XIX era ser companheiro de homens ou mulheres que desejavam caçar animais selvagens. O subgrupo Retriever, na categoria de cães de caça, inclui o Labrador Retriever, Golden Retriever, Flat Coated Retriever e Chesapeake Bay Retriever. Embora todos sejam muito semelhantes, os Labradores claramente lideram em popularidade. Isso ocorre porque eles têm uma excelente capacidade de encontrar a caça abatida, são extremamente adaptáveis, e suas bocas são muito delicadas, o que significa que a

*Foto cortesia de
Robert Cassidy
Cassidy Photography*

caça não é danificada quando eles a pegam. Além disso, os Labradores são resistentes, com uma pelagem à prova d'água, e atléticos o suficiente para suportar longos dias no campo.

O papel principal de um Labrador quando está no campo é trazer de volta a caça abatida para seu tutor. Este é um trabalho importante pois, além de ser difícil para um caçador recuperar o que ele abateu sem perturbar a área ao redor e outras presas, também garante que qualquer animal ferido seja rapidamente recuperado e abatido de forma ética.

Existem algumas diferenças na forma como o trabalho de campo é conduzido nos Estados Unidos (EUA) e no Reino Unido. Nos EUA, espera-se que os Labradores recuperem tanto caça terrestre quanto aves aquáticas. Ambos são tipos populares de caças, e, frequentemente, os Labradores precisam nadar. Alguns Labradores norte-americanos também foram ensinados a apontar, para ajudar seus tutores a encontrar a caça abatida. No entanto, hoje em dia, essa tarefa é atribuída principalmente a raças Setter e Pointer.

No Reino Unido, os cães de recuperação ("Retrievers") são conhecidos como "peg dogs" e esperam receber o sinal dos "guns" (aqueles que estão atirando) para recuperar as aves abatidas. Os Labradores também podem ser usados por uma equipe de "pickers up", que seguem os "beaters" que usam Spaniels para ajudar a espantar as aves. A maior parte dessa caça é feita no interior, onde faisões, tetraz, perdizes e narcejas são geralmente abatidos.

A caça de aves selvagens é um tipo menos comum de caça no Reino Unido, diferentemente dos EUA, onde a caça de aves aquáticas é muito popular. Mas a Grã-Bretanha tem um litoral extenso, com muitas oportunidades para caçar gansos e patos na costa. Os Labradores se destacam na recuperação desses tipos de aves, e nadar em água fria não é problema para eles.

A obediência é fundamental, e os comandos básicos de 'senta', 'junto' e 'vem' são vitais. Durante trabalhos no campo, a maioria dos sinais é dada por mão ou apito. A melhor maneira de aprender isso é com prática constante com dummies (objetos de treinamento) e acompanhando treinadores de cães de caça mais experientes. O treinamento formal de cães de caça não deve começar antes dos seis ou sete meses de idade; se você for inexperiente, esse treinamento pode ser delegado a um adestrador profissional de cães de caça.

Se você está interessado em desenvolver as habilidades naturais de retriever do seu Labrador, pode valer a pena explorar esportes caninos como Field Trial ou treinamentos com dummies. Nos EUA, um 'teste de caça' é uma avaliação não competitiva para cães de caça. Há uma série de recuperações predeterminadas que cada cão deve tentar sob as mesmas condições. No Reino Unido, no entanto, os 'testes de trabalho para cães de caça' (GWTs) são competitivos e podem usar diferentes tipos de recuperações para cada cão competidor. Eles usam tanto aves mortas quanto dummies. O juiz avalia a capacidade do cão de encontrar a caça, os bons modos e a delicadeza da mordida.

Para desenvolver essas habilidades no Brasil, você pode procurar adestradores especializados em cães de caça ou clubes de cinofilia que ofereçam treinamentos específicos para retrievers. Muitos desses treinamentos focam no desenvolvimento das habilidades naturais da raça usando dummies e exercícios que simulam situações de campo, respeitando sempre a legislação brasileira.

Cães de Assistência para Pessoas com Deficiência

A natureza gentil e a alta inteligência de um Labrador os tornam perfeitos para serem treinados como cães de assistência para pessoas com deficiência.

Os Labradores são, de longe, a raça mais popular de Cães-Guia. O trabalho deles permite que seus tutores vivam uma vida mais independente e fiquem mais envolvidos em atividades sociais.

O treinamento de cães-guia pode custar dezenas de milhares de reais, e é principalmente feito através de organizações sem fins lucrativos. No Brasil, o maior centro de treinamento de cães de serviço da América Latina está localizado em São Paulo, no Instituto Adimax (https://institutoadimax.org.br/centro-de-treinamento/). Por isso, é um grande compromisso começar a treinar um Labrador para exercer este importante papel. A maioria dos cães-guia vem de programas de reprodução especializados, direcionados para produzir filhotes com todas as características necessárias e um atestado de saúde que não mostre nenhum problema. A partir das oito semanas de idade, os cães começam a fase de socialização (nessa fase, é comum que o cão more com uma família, chamada família socializadora). Durante aproximadamente um ano, eles são apresentados a uma variedade de ambientes diferentes e continuamente avaliados para ver se seu temperamento é adequado para o trabalho de cão-guia. Se passarem nesta fase, retornam ao centro de treinamento para o treinamento específico e formal. Apesar de ser uma fase intensa, durante esse treinamento eles ainda têm tempo para brincar, passear e tirar sonecas como qualquer outro cão. Quando

*Foto cortesia de
Autumn Paige Steed*

Foto cortesia de Lisa Higbee

completam cerca de um ano de idade, são então pareados com seu novo tutor, que também terá passado por algum treinamento. O processo de adaptação entre o cão e seu novo tutor pode durar até seis meses.

Embora a maioria das pessoas pense no treinamento de cão-guia quando se trata de treinar um Labrador para uma pessoa com deficiência, os Labradores também podem ser excelentes cães de assistência para uma variedade de condições. Eles podem pegar itens do dia a dia que podem ser difíceis de alcançar ou pegar, como celulares, carteiras e chaves. Eles também podem ajudar alguém a se vestir, coletar correspondência, colocar roupas na máquina de lavar, abrir portas, pressionar o botão do semáforo em uma travessia de pedestres, alertar seus tutores sobre um ruído e, o mais importante, ser uma maravilhosa fonte de companheirismo. Portanto, um Labrador de assistência pode ajudar seu dono a se sentir menos isolado e ter um maior senso de independência.

Os Labradores são frequentemente usados como cães de apoio para crianças com autismo ou pessoas com dificuldades emocionais. Eles também são capazes de apoiar tutores com problemas de saúde e alertá-los sobre convulsões iminentes, quedas nos níveis de açúcar no sangue (para diabéticos) e muitas outras emergências médicas. Eles também são comumente usados como cães de terapia, que visitam hospitais, asilos e residências de cuidados para interação de curto prazo.

Não é de admirar que os Labradores sejam tão populares como cães de assistência, pois são incrivelmente versáteis em suas habilidades.

Busca e Resgate

Quando se trata de desastres naturais, como terremotos, avalanches e tornados, os Labradores podem ser usados como cães de busca e resgate para ajudar a detectar sobreviventes enterrados sob escombros. O olfato excelente, audição precisa, capacidade de treinamento e passos leves os ajudam a transitar por locais de desastre com mais agilidade e segurança do que os humanos. Nessas situações, o tempo é essencial e pode ser a diferença entre a vida e a morte. Por isso, o fato de um Labrador poder fazer o trabalho de uma equipe de pessoas os torna os heróis não reconhecidos dos resgates.

Os Labradores também podem ser usados na busca por pessoas desaparecidas. Isso inclui pessoas que fugiram de casa, se perderam em trilhas, ou pessoas idosas ou confusas que não sabem onde estão.

No Brasil, os cães utilizados em operações de busca e resgate estão sempre associados aos bombeiros. A dupla formada pelo bombeiro e o cão é chamada de "binômio", e o bombeiro responsável pelo cão é geralmente conhecido como "cachorreiro". O treinamento oficial de busca e resgate começa por volta dos 18 meses de idade e leva entre seis meses e dois anos. O condutor também passa por esse treinamento, e, para ser eficaz, é importante que haja um verdadeiro vínculo entre o Labrador e o condutor.

Cães de Polícia e Forças Armadas

Nas forças armadas, os Labradores podem usar seu olfato excepcional para farejar peças de material explosivo. Eles são reconhecidos por salvar muitas vidas (tanto de soldados quanto de civis) de dispositivos explosivos improvisados não detonados e campos minados ativos.

Foto cortesia de Danielle Zentic

Eles também podem servir em outras funções em agências de segurança e força policial. Policiais e agentes alfandegários costumam usar Labradores para farejar drogas e outros itens ilegais, como armas, explosivos e até pessoas sendo trazidas para o país. Os Labradores são regularmente vistos com policiais em aeroportos e portos. Mesmo que não possuam a agressividade natural dos cães policiais que desempenham funções de proteção, como os Pastores Alemães, o faro aguçado é o motivo pelo qual muitos Labradores são empregados como cães farejadores especializados.

Quando um cão farejador capta um cheiro alvo, ele dá um sinal ao seu condutor. Geralmente, esse sinal envolve arranhar ou sentar-se ao lado do objeto. O condutor de um cão farejador precisa estar completamente em sintonia com a linguagem de seu cão, para captar todos os seus sinais.

Um cão farejador pode fazer um trabalho rápido e fácil ao examinar grandes áreas. Os agentes de fronteira geralmente são capazes de revistar um veículo em 20 minutos, enquanto um cão farejador leva apenas cinco minutos. Isso garante que o tráfego possa continuar fluindo e evita congestionamentos na fronteira.

***

Devido à boa natureza e capacidade de treinamento, os Labradores podem "colocar as patas na massa" para exercer quase qualquer trabalho exigido deles. A maioria dos cães de trabalho é criada especificamente para desempenhar certas funções. No entanto, isso não significa que um Labrador resgatado ou seu Labrador de estimação não seja capaz de fazer o trabalho. A inteligência da raça é incomparável, e isso é algo que você pode aproveitar ao treinar seu Labrador em casa.

CAPÍTULO 14
Reprodução

Decidindo sobre a Reprodução

O Labrador Retriever é uma das raças mais populares do mundo e, como resultado, também uma das mais frequentemente reproduzidas. Pode ser tentador, se você tem um Labrador, querer reproduzir seu cão. Afinal, além de os filhotes de Labrador serem fofos, existe uma alta demanda pela raça, o que facilita encontrar lares para eles.

No entanto, essas não são razões para reproduzir seu Labrador. Os Labradores têm um enorme número de doenças genéticas. Isso se deve à reprodução indiscriminada e escolhas inadequadas de parceiros reprodutores, além da falta de conhecimento sobre problemas de saúde ligados aos genes. Só porque seu Labrador tem um temperamento maravilhoso, isso não significa que ele seja um Labrador ideal para reprodução.

Filhotes de Labrador podem alcançar preços elevados. No entanto, você não deve presumir que pode ganhar muito dinheiro com uma ninhada. Você precisaria investir em testes genéticos, avaliação de quadril e cotovelo, e fornecer uma alimentação excelente ao seu Labrador durante o acasalamento e a gravidez. Isso pode custar milhares de reais, e sempre há o risco de uma cesariana de emergência se sua cadela tiver dificuldades no parto, o que custaria mais alguns milhares de reais. Criar filhotes definitivamente não é uma forma de ganhar dinheiro rápido.

A reprodução requer conhecimento extenso, tempo e dinheiro, então se você está pensando em se tornar um criador dedicado de Labrador Retriever, este capítulo lhe dará alguns conhecimentos básicos para começar. Pode ser extremamente gratificante contribuir para melhorar a genética da raça Labrador com uma ninhada saudável e impressionante, mas primeiro certifique-se de que está reproduzindo seu cão pelas razões certas.

Acasalamento

Se você decidiu que deseja acasalar seu Labrador, seja macho ou fêmea, deve primeiro garantir que ele ou ela esteja saudável e tenha uma alta qualidade genética. Seu veterinário deve fazer radiografias para avaliação de quadril e cotovelo, e exames de sangue para testes genéticos. Os testes podem incluir miopatia centronuclear, colapso induzido por exercício, paraqueratose nasal hereditária, atrofia progressiva de retina e nanismo esquelético. Um teste positivo não significa que seu Labrador ficará doente um dia, mas significa que existe potencial para os filhotes do seu Labrador desenvolverem uma doença. Os resultados voltarão como negativo (nenhum problema encontrado), portador (quando há um gene normal e um gene mutante, e, portanto, metade da descendência será afetada) ou afetado (onde há dois genes mutantes). Também é recomendado que seu Labrador passe por um exame oftalmológico especializado.

Se você realizou todos os testes necessários e os resultados não mostram problemas, então pode procurar um parceiro para seu cão. O parceiro também deve ter resultados bons, que não mostrem problemas. Além disso, eles não devem vir de uma linhagem com consanguinidade excessiva, o que pode ser visto pela repetição de nomes na árvore genealógica.

Se você tem uma Labrador fêmea, ela só poderá acasalar quando estiver no cio. Em média, isso ocorre aproximadamente a cada seis meses e dura cerca de uma semana. No resto do tempo, sua cadela está reprodutivamente inativa e não será capaz de engravidar. Sinais de que sua Labrador está no cio incluem inchaço e vermelhidão da vulva, uma leve descarga

sanguinolenta e atração por cães machos. Se você precisar viajar uma longa distância para chegar até o cão padreador, sua cadela pode já não estar mais no cio quando você chegar lá. Para evitar isso, é possível fazer exames de sangue. Um veterinário pode fazer exames de sangue para confirmar em que fase do ciclo ela está e prever os melhores dias para o acasalamento, aumentando as chances de sucesso. Se ela estiver pronta, o cão padreador a montará e depois se virará para ficar de costas para ela. Isso é conhecido como "laço". Nessa posição, os cães não devem ser separados à força, pois isso pode causar danos consideráveis ao padreador.

Sua cadela deve ter o primeiro cio antes de acasalar. Ela pode ser acasalada do segundo cio até os cinco anos de idade. Depois disso, não é mais recomendado que ela continue sendo acasalada, pois produzir uma ninhada de filhotes exige muito do corpo, e uma cadela mais velha pode não aguentar.

Gravidez

Após o acasalamento, você provavelmente ficará ansioso para saber se sua cadela está grávida. A gravidez dura pouco mais de dois meses, aproximadamente 63 dias, mas é difícil saber muito cedo se ela concebeu. Um exame de sangue pode ser realizado aos 22 dias, mas um ultrassom menos invasivo é melhor, podendo ser feito a partir dos 42 dias. É difícil saber

o tamanho da ninhada sem um raio-X para contar os esqueletos fetais; no entanto, isso não deve ser realizado rotineiramente, pois pode prejudicar o desenvolvimento fetal.

A gravidez é estressante para o corpo e, portanto, você deve fornecer à sua Labrador uma dieta da melhor qualidade para mantê-la saudável. Deve ser uma dieta de alta energia e, na parte final da gravidez, pode ser uma dieta para filhotes. Isso fornecerá mais cálcio para o desenvolvimento ósseo dos filhotes, bem como cálcio para ela começar a produzir leite. Sua cadela pode ser levada para passear diariamente, mas não em excesso. Vinte minutos é o ideal, e você deve desencorajar pulos e corridas descontroladas. Ela também deve ter bastante tempo para descansar.

Quando sua cadela estiver na última semana de gravidez, as mamas dela ficarão inchadas, prontas para produzir leite, e ela pode começar a agir de forma maternal com seus brinquedos. É provável que ela comece a criar um espaço de ninho para dar à luz. Não perturbe muito sua Labrador quando ela estiver fazendo isso, pois é seu processo de preparação, e perturbações podem causar mais estresse no corpo e na mente dela.

Parto

O trabalho de parto e o nascimento podem ser momentos preocupantes para todos; no entanto, é melhor tentar dar à sua Labrador o máximo de espaço e tranquilidade possível. A maioria das matrizes tem um instinto natural sobre o que fazer durante o parto e não precisará da sua ajuda. No entanto, é aconselhável observar à distância para garantir que tudo esteja correndo bem.

O parto será iminente quando a temperatura da sua Labrador cair para menos de 37,8°C. Uma temperatura normal está entre 38,3 e 39,2°C. No final da gravidez, a maioria dos criadores mede a temperatura de sua Labrador duas vezes ao dia para detectar a queda de temperatura. É provável que sua cadela mostre sinais de trabalho de parto, que incluem andar de um lado para outro, choramingar e fazer força. Não entre em pânico se isso continuar por um tempo. Pode haver até duas horas entre o nascimento de cada filhote.

Cada filhote sairá individualmente, geralmente ainda com o saco amniótico ao redor. A mãe abrirá o saco após o nascimento do filhote e lamberá o fluido. Isso estimula o filhote a respirar, além de aquecê-lo e secá-lo. Às vezes, os criadores gostam de intervir nesse estágio e pegar o filhote para esfregá-lo vigorosamente com uma toalha. Isso nem sempre é necessário,

mas se sua Labrador for mãe de primeira viagem ou não mostrar bons instintos, sua ação pode potencialmente salvar muitos dos filhotes.

Se esses sintomas continuarem por mais de duas horas sem que nenhum filhote nasça, houver secreção verde ou preta, ou se a queda de temperatura ocorreu há mais de 24 horas, você deve levar sua cadela ao veterinário. Ele pode começar dando uma injeção de ocitocina para estimular a contração do músculo uterino, ou pode levá-la diretamente para cirurgia para uma cesariana. Quanto mais cedo você levar sua Labrador ao veterinário nessas situações, maior a chance de que todos os filhotes sobrevivam.

Sua cadela provavelmente comerá a placenta, o que dará uma grande quantidade de nutrientes. Isso é muito importante, pois dar à luz é um processo cansativo, e o corpo dela estará sob muita tensão para produzir leite.

Cuidados Pós-parto

Depois que todos os filhotes nascerem, examine cuidadosamente cada um deles para verificar se existem anormalidades. Abra a boca deles e certifique-se de que não há fenda palatina e que não há excesso de muco. Verifique também se eles estão respirando bem e se não têm malformações congênitas significativas, como uma hérnia umbilical grande. Se algum ainda estiver ligeiramente úmido, você pode secá-lo mais com uma toalha.

A matriz pode então ser limpa com um banho de esponja morna. Depois, ela e a ninhada devem descansar em um local quente e livre de correntes de ar frio. O local deve ser confortável, mas evite camas muito macias, pois os filhotes podem sufocar nessas superfícies.

É normal ver uma secreção leve saindo da vulva após o parto, e isso pode continuar por uma semana ou mais. A secreção deve ser rosa, vermelha ou marrom, mas se for intensa, preta, verde ou com mau cheiro, você deve levar sua cadela ao veterinário. Pode ser um sinal de que ainda há placenta dentro, ou até mesmo um feto morto.

Depois que sua Labrador se estabelecer em seu papel de mãe e os filhotes estiverem mamando bem, leve-os a uma clínica veterinária para um check-up. Um bom momento para isso é com cerca de uma semana de idade, a menos que você note algo anormal com sua cadela ou com os filhotes.

Criando Filhotes

Finalmente, criar filhotes é a parte divertida, especialmente quando eles abrem os olhos e começam a correr. Você tem uma grande responsabilidade pela frente: encontrar possíveis lares para eles. Não tenha medo

de dizer não a um lar que você não acha que é adequado. Você precisa avaliar os novos tutores, e eles precisam vir avaliar os filhotes.

Você pode começar a tentar encontrar novos lares quando os filhotes tiverem algumas semanas de idade. Você pode registrar a ninhada na CBKC e divulgar através de criadores responsáveis e clubes de cinofilia para garantir que os futuros tutores estejam empenhados em comprar um filhote de um criador responsável, em vez de pegarem o filhote mais barato que encontrarem.

Os filhotes não devem ser liberados até que tenham pelo menos oito semanas de idade. Se um comprador desejar reservar um, você pode colocar uma coleira colorida nele para distingui-lo dos demais.

Quando os filhotes têm cerca de quatro semanas de idade, eles podem começar a mostrar interesse pela comida da mãe. Mesmo que o leite ainda constitua grande parte da dieta, é aceitável começar a deixar os filhotes explorarem a ração. Para isso, o ideal é oferecer ração para filhotes, que pode ser ração úmida, ou ração seca embebida em água. Entre quatro e oito semanas, eles diminuirão lentamente a ingestão de leite e passarão exclusivamente para a ração.

Todos os criadores responsáveis garantirão que seus filhotes sejam vermifugados e tenham recebido sua primeira vacina antes de irem para seus novos lares. A microchipagem, embora não seja obrigatória na maioria dos estados brasileiros, é uma prática recomendada e pode ser oferecida como opcional. Os filhotes precisam ser vermifugados contra vermes redondos às 2, 4, 6, 8 e 12 semanas de idade, pois são particularmente suscetíveis a pegar vermes quando jovens. Eles só precisam de tratamento contra pulgas se tiverem pulgas; se precisarem ser tratados, isso deve ser feito com um produto adequado para filhotes, já que muitos produtos contra pulgas não podem ser usados em animais muito jovens ou muito pequenos.

***

Pode ser muito gratificante saber que você está contribuindo para produzir Labradores de alto padrão genético, tentando melhorar o pool genético da raça. No entanto, você não deve presumir que será fácil reproduzir seu cão e gerenciar filhotes, pois é algo que exige tempo, paciência, investimento financeiro e muito conhecimento para fazer corretamente. Além disso, no Brasil, a atividade de criação comercial de cães está sujeita a regulamentações específicas. Criadores que pretendem exercer a atividade de forma profissional devem verificar as exigências legais em sua região, incluindo possíveis licenças, registros e normas sanitárias. Portanto, se você não pretende se tornar um criador profissional, é melhor deixar isso para os canis de criação já estabelecidos.

CAPÍTULO 15
Exposições

Selecionando um Cão para Exposições

OLabrador é um cão de aparência linda, e muitos tutores orgulhosos ficam ansiosos para exibir a beleza de seus cães participando de exposições caninas. Claro, o Labrador também é um cão de trabalho, e é uma estrela tanto em classes de trabalho quanto em classes de conformação. Por isso, seu Labrador tem muito potencial para trazer troféus para casa, e se isso é algo que lhe interessa, sua primeira consideração deve ser selecionar o cão certo.

Existem muitas exposições caninas locais divertidas, onde tudo é permitido. Seu cão não precisa de certificado de pedigree ou ter que se conformar rigidamente ao padrão da raça. Ele pode ser castrado ou não castrado. Ele pode ter qualquer tonalidade do espectro de cores do Labrador, com marcações ou pigmentação atípicas, e ainda terá chance de ganhar um prêmio, desde que o juiz veja a beleza e a personalidade que você ama nele. Exposições locais são ideais se você tem um Labrador resgatado com muita personalidade, mas sem documentos de pedigree. Se você não pretende competir em níveis maiores que exposições locais, sua escolha de Labrador pode ser guiada apenas pelo seu coração. No entanto, se você deseja participar de exposições da CBKC, precisará se guiar pelas regras desde o dia em que escolher um criador.

Para exposições de nível mais alto, você precisará selecionar um cão registrado na CBKC, vindo de cães reprodutores também registrados na CBKC. Se você está procurando um cão para competições de trabalho, precisará procurar canis que produzam cães esportivos. Já se seu interesse é no ringue de exposição, precisará procurar canis onde os cães reprodutores tenham histórico de vitórias em exposições. Isso significa que seu filhote terá a melhor chance de herdar a genética que os juízes estão procurando.

Antes de ver uma ninhada, você deve se familiarizar completamente com o padrão da raça da CBKC para o Labrador Retriever no Brasil. Esteja ciente de que o padrão da raça é atualizado de tempos em tempos e pode variar entre países.

Foto cortesia de
Gabrielle Naples

Para que seu Labrador vença classes de conformação da CBKC, ele precisa se conformar o mais próximo possível ao modelo da raça, estabelecido no padrão oficial. O padrão da raça descreve o Labrador perfeito e o modelo ao qual todos os criadores de Labrador devem aspirar produzir. Ele visa promover a saúde da raça, embora alguns de seus padrões sejam mais estéticos. Saiba, no entanto, que se você escolher um filhote cuja aparência nunca poderá corresponder ao padrão da raça, seja devido ao tamanho, cor ou pigmentação, você estará restrito a exposições locais e não poderá competir com a CBKC. Acima de tudo, você deve estar ciente dos fatores que desqualificam um Labrador Retriever em exposições. Outra coisa importante a observar é que o propósito fundamental das exposições de conformação é a avaliação de exemplares para reprodução. Portanto, é recomendável verificar com a CBKC as regras específicas sobre a participação de cães castrados, pois essas diretrizes podem variar. Os Labradores Retrievers também nunca devem ter o rabo cortado, já que seu maior atributo é a "cauda de lontra", que é altamente valorizada no ringue de exposição.

Quando você visitar a ninhada de filhotes, o que pode ser feito já nas cinco semanas de vida deles, será muito difícil identificar o potencial para exposição, a menos que você tenha experiência considerável. Por isso, você terá que confiar no tamanho, aparência e temperamento dos cães reprodutores, bem como em possíveis vitórias que eles tenham acumulado em exposições. O criador é a melhor pessoa para prever como os filhotes se desenvolverão, e ele poderá orientar sua escolha. No entanto, esteja ciente de que ele pode ter separado os campeões de exposição mais promissores para si mesmo. Essa é a prerrogativa do criador e busca valorizar as futuras gerações de Labradores nascidos em seus canis. Isso não significa que apenas um filhote da ninhada terá potencial para exposição: com boa genética, todos podem ser futuros campeões.

Padrões da Raça

Cada país tem sua própria ideia dos atributos físicos perfeitos do Labrador Retriever, então você deve verificar o padrão da raça do país em que deseja expor seu cão.

A principal distinção na mente do público é entre os tipos de Labrador Americano e Inglês, com o Labrador Americano sendo mais alto, esguio, fino e atlético, com pernas mais longas, cabeça mais estreita, pescoço mais longo e focinho mais longo, e uma pelagem e cauda mais finas que o Labra-

dor Inglês. No entanto, o Labrador Americano representa o cão de trabalho, e o Labrador Inglês é considerado um cão de exposição. Por isso, mesmo nos Estados Unidos (EUA), o padrão da raça para classes de conformação tende para o tipo Inglês. O Padrão Oficial da Confederação Brasileira de Cinofilia é apresentado abaixo. Se você está em um país diferente, o padrão da sua raça pode ser encontrado no site do Kennel Club do seu país, onde você pode ter certeza de que é a versão mais atualizada.

Foto cortesia de Anne Lowry

Introdução ao Padrão Brasileiro

No Brasil, o registro e padrões de raças caninas são regulamentados pela Confederação Brasileira de Cinofilia (CBKC), que segue os padrões oficiais estabelecidos pela Fédération Cynologique Internationale (FCI). A CBKC é a única instituição brasileira filiada à FCI, garantindo que os padrões utilizados no país sejam reconhecidos internacionalmente.

Padrão FCI para o Labrador Retriever

Padrão FCI nº 122

Data de publicação: 12 de janeiro de 2011

País de origem: Grã-Bretanha

Utilização: Retriever

Classificação FCI: Grupo 8, Seção 1 Retrievers - com prova de trabalho

Aparência Geral

Fortemente construído, compacto, muito ativo (peso corporal excessivo ou substância impedem isso e devem ser evitados). Largo no crânio, largo e pro-fundo no peito e costelas. Largo e forte nos lombos e posteriores.

Comportamento e Temperamento

Bom temperamento, muito ágil. Excelente faro, boca macia. Amante decidi-do da água. Companheiro adaptável e devotado. Inteligente, ávido e obediente com forte desejo de agradar. De natureza gentil, sem vestígio de agressão ou timidez excessiva.

Cabeça

Crânio: Largo, bem desenvolvido, sem bochechas carnudas.

Stop: Definido.

Focinho:

● **Trufa:** Bem desenvolvida, com narinas bem abertas

● **Focinho:** Poderoso, não pontiagudo

● **Maxilares/Dentes:** Maxilares de comprimento médio. Maxilares e dentes fortes com dentição perfeita, regular e completa em tesoura, ou seja, os dentes superiores se sobrepõem firmemente aos inferiores e são implantados perpendiculares aos maxilares

- **Olhos:** De tamanho médio, expressando inteligência e bom tempera-mento. Marrom ou avelã

- **Orelhas:** Nem grandes nem pesadas, pendendo próximas à cabeça e inseridas bem para trás

Pescoço

Limpo, forte, poderoso, inserido em ombros bem posicionados.

Corpo

Linha superior: Nivelada

Lombo: Largo, curto e forte

Peito: De boa largura e profundidade, com costelas bem arqueadas - este efeito não deve ser produzido pelo excesso de peso

Cauda

Característica distintiva da raça; muito grossa na base, afinando gradual-mente em direção à ponta. De comprimento médio. Livre de franjas,

mas den-samente revestida por toda a volta com pelo curto, grosso e denso, dando assim a aparência arredondada descrita como "cauda de lontra". Pode ser portada alegremente, mas não deve curvar sobre o dorso.

Membros

Anteriores:

- **Aparência geral:** Membros anteriores retos do cotovelo ao solo, quando vistos tanto de frente quanto de lado
- **Ombros:** Longos e oblíquos
- **Antebraços:** Membros anteriores bem ossificados e retos
- **Pés anteriores:** Redondos, compactos, dedos bem arqueados e al-mo-fadas bem desenvolvidas

Posteriores:

- **Aparência geral:** Posteriores bem desenvolvidos, não inclinados em direção à cauda
- **Joelhos:** Bem angulados
- **Jarretes:** Bem descidos. Jarretes de vaca altamente indesejáveis
- **Pés posteriores:** Redondos, compactos, dedos bem arqueados e al-mofadas bem desenvolvidas

Movimentação

Livre, cobrindo terreno adequado. Reta e verdadeira na frente e atrás.

Pelagem

Característica distintiva da raça; curta, densa, sem ondulações ou franjas. A pelagem deve ser bastante dura ao toque. Subpelo resistente às intempéries.

Cor

Totalmente preta, amarela ou chocolate/fígado. O amarelo varia do creme claro ao vermelho raposa. Uma pequena mancha branca no peito é permitida.

Tamanho

Altura ideal na cernelha:

- **Machos:** 56-57 cm

Foto cortesia de
Kristin Daniello

- **Fêmeas:** 54-56 cm

Peso:

- **Machos:** 30-35 kg
- **Fêmeas:** 25-30 kg

Faltas

Qualquer desvio dos pontos acima mencionados deve ser considerado co-mo falta, e a seriedade com que a falta deve ser considerada deve estar em pro-porção exata ao seu grau e seus efeitos sobre a saúde e bem-estar do cão e sua capacidade de executar seu trabalho tradicional.

Faltas Eliminatórias

- Agressividade ou timidez excessiva
- Qualquer cão que apresente claramente anormalidades físicas ou com-portamentais deve ser desqualificado

N.B.: Os machos devem apresentar dois testículos de aparência nor-mal, completamente descidos no escroto. Apenas cães funcionalmente e clinicamen-te saudáveis, com conformação típica da raça, deveriam ser usa-dos para repro-dução.

Exames de Saúde

Os clubes especializados brasileiros estabelecem exames obrigatórios para reprodutores:

- **Displasia Coxofemoral (HD)** - Exame radiográfico dos quadris
- **Displasia de Cotovelo (ED)** - Exame radiográfico dos cotovelos
- **Exame Oftalmológico** - Avaliação por veterinário oftalmologista
- **Exames de DNA** - Para doenças hereditárias específicas da raça

Foco na Avaliação

Segundo as diretrizes da CBKC:

- Um cão com características que possam levar a problemas de saúde, comportamento e/ou movimentação nunca pode receber a qualifi-cação "Excelente"
- Movimentação correta e saúde sempre têm prioridade sobre beleza

- A ênfase está na funcionalidade - um cão funcional e saudável é funda-mental

Esta abordagem enfatiza a importância do Labrador como cão de trabalho e garante que a saúde e funcionalidade sejam priorizadas na criação e avaliação.

Depois de Selecionar Seu Filhote

Quando você buscar seu filhote, o criador lhe dará o documento de registro da CBKC. Assim que possível, você deve transferir a propriedade registrada para seu nome, o que pode ser feito online. Se você nunca teve um cão de pedigree antes, este também é um bom momento para se familiarizar com o site da CBKC, pois será seu recurso principal à medida que você entra no mundo das exposições.

Você poderá expor seu cão a partir dos quatro meses e um dia de idade na Classe Inicial da CBKC, mas há muito trabalho a fazer nos próximos meses para começar a preparar seu cão para exposições. O primeiro deles é a socialização, já que seu cão vai se encontrar em um ambiente movimentado, cheio de pessoas e cães, então ele precisa estar totalmente confortável ao redor de ambos, além de tolerar ser manipulado por estranhos.

Além de socializar seu cão em aulas de adestramento para filhotes e no parque quando ele tomar todas as vacinas, você também pode levá-lo para visitar exposições caninas próximas. Isso o acostumará com a agitação, para que o ambiente seja totalmente familiar para ele desde cedo. Você também poderá observar o funcionamento da exposição e pegar dicas. Converse com manipuladores experientes e observe como eles posicionam seus cães para julgamento. Você também pode aprender como um cão campeão de exposição deve se movimentar no ringue. Quaisquer contatos que você puder fazer no mundo das exposições, especialmente outros tutores de Labrador, serão valiosos conforme você avançar nas competições com seu cão.

Preparando-se para uma Exposição

Quando você obtiver seu filhote de Labrador, registre-o na CBKC. Em seguida, pode ser uma boa ideia também se associar a um clube dedicado a Labradores na sua região ou estado. Essas organizações podem te guiar pelo mundo das exposições de alto nível.

Se você só deseja expor seu cão por diversão, exposições locais informais podem ser uma ótima experiência, onde você pode exibir seu Labrador Retriever, conhecer outros tutores e seus cães, e concordar ou discordar da decisão do juiz, mas sempre com educação! Mesmo que você queira competir em exposições da CBKC, exposições menores e informais são um ótimo lugar para começar, pois você e seu cão podem se acostumar com todo o procedimento em um ambiente mais descontraído.

Planeje com antecedência as exposições das quais você deseja participar, encontrando as listagens de exposições no site da CBKC, de clubes de Labrador, em jornais locais ou no site do clube canino (Kennel Club) local. Certifique-se de fazer sua inscrição e pagar a taxa com bastante antecedência. Depois, é só começar a se planejar para o grande dia.

Se você tiver que viajar para a exposição, considere também reservar uma acomodação, para que seu cão possa ter tempo para se acomodar antes do evento, especialmente se ele sofre de enjoo ao viajar.

O Labrador Retriever requer pouquíssima preparação, e os juízes buscam uma aparência natural. Isso significa que seu cão nunca deve ser tosado. No entanto, mantenha as unhas dele curtas através de aparos regulares para garantir que a parte viva não cresça demais. A pelagem curta do Labrador Retriever não pode esconder nenhuma falha; em seu estado natural e brilhante, ela deve mostrar as qualidades físicas do seu cão com perfeição. Você deve garantir, através de escovação regular, que seu cão não tenha caspa ou descamação da pele. Se você deseja dar banho no seu Labrador, faça isso alguns dias antes da exposição para permitir que os óleos naturais retornem à pelagem.

Incorpore a limpeza dos dentes do seu cão à rotina dele desde cedo. Assim, você garante que não haja acúmulo de tártaro ou algo pior, como dentes faltando ou podres, pois estes constituiriam uma falta no ringue de exposição. Você também deve manter as orelhas dele limpas.

Se você tem frequentado exposições como observador, terá visto como posicionar seu cão para o juiz e terá observado como cães premiados caminham no ringue de forma fluida. Se você não teve a chance de participar de uma exposição, há muitos vídeos online. Esses vídeos podem ajudar você a saber o que buscar. No entanto, eles não substituem a participação real em exposições com seu cão para familiarizá-lo com o ambiente agitado.

Se é você quem manipulará seu cão no ringue, pense sobre a roupa que você vai usar. Vista algo elegante e confortável, com sapatos práticos, para que você possa se mover tão facilmente quanto seu cão. O juiz precisa ver o contorno do seu cão claramente contra você. Por isso, se seu Labrador for preto ou chocolate, considere usar uma cor neutra mais clara. Por outro lado, se você tem um Labrador amarelo, usar roupas escuras e lisas o destacará mais.

Não espere muito da sua primeira exposição, pois tanto você quanto seu cão estão se acostumando com isso. Os Labradores são agitados por natureza; seu cão pode achar que o ambiente tem estímulos demais e não querer ficar parado para ser julgado, ou não querer se mover graciosamente ao seu lado. Não fique decepcionado se não ganhar prêmios logo de cara. E, o mais importante, não sinta que seu cão decepcionou você e a ele mesmo! Por fim, nunca questione a decisão do juiz. Embora seu cão esteja sendo avaliado de acordo com o padrão da raça, sempre há um certo nível de preferência pessoal na alocação dos prêmios. Então, se não for o dia do seu Labrador, saiba que sempre haverá outro. Cada evento é um passo no caminho para mostrar seu Labrador em toda sua glória!

CAPÍTULO 16
Convivendo com um Cão Idoso

O envelhecimento é uma parte inevitável da vida de um cão, e é preciso se preparar para isso com antecedência. Um cão idoso precisa de um estilo de vida diferente de um cão filhote ou adulto, e isso também é válido para Labradores. Labradores são propensos a desenvolver problemas de saúde que os afetam na velhice, como é o caso da artrite, conforme discutido no Capítulo 12.

Mesmo que a expectativa de vida de um Labrador seja de 10 a 14 anos, você deve começar a considerar seu Labrador como idoso por volta dos sete ou oito anos. Mudanças sutis no estilo de vida dele nesta fase o prepararão para uma fase sênior longa, feliz e sem dor, garantindo que vocês possam aproveitar a companhia um do outro por muito tempo. Neste capítulo, vamos falar sobre as mudanças que podem ser benéficas para o seu Labrador se implementadas cedo, como lidar com problemas de saúde na velhice, e o que acontece quando chega a hora de dizer adeus.

Foto cortesia de Nicole Justice

Foto cortesia de
Tom Frey

Dieta

Para um Labrador, a alimentação é um tema importante e que não deve ser negligenciado. Quando chegam os anos de velhice, a maioria dos Labradores está acima do peso. Isso coloca uma grande pressão sobre o coração, fígado, rins e articulações já deterioradas do seu cão. Infelizmente, é comum ver Labradores com sobrepeso, então muitas pessoas não percebem que seus cães estão carregando alguns quilos extras. A melhor maneira de avaliar isso é revisando a escala de condição corporal no Capítulo 8, e tentar garantir que seu Labrador tenha uma pontuação de 4 ou 5.

Mudar para uma dieta específica para cães idosos também vai ajudar a controlar o peso do seu Labrador. As rações para cães idosos são bastante diferentes das dietas destinadas a cães mais jovens, pois têm menos calorias e mais fibras. Isso ajudará seu Labrador a se sentir saciado enquanto mantém o peso controlado. O objetivo é adequar as necessidades calóricas do seu cão ao seu nível de atividade, e, em geral, cães mais velhos tendem a se exercitar menos.

As rações para cães idosos também são mais ricas em óleos ômega. Esses óleos são ácidos graxos que melhoram a saúde do cérebro, coração, pele e olhos, além de melhorar a lubrificação das articulações. Em um corpo envelhecido, os óleos ômega podem fazer uma enorme diferença.

Às vezes, as rações para cães idosos também têm suplementos adicionados, como glucosamina e condroitina. Esses suplementos ajudam a manter a saúde da cartilagem de articulações mais velhas e artríticas, e são discutidos mais adiante neste capítulo.

Você não precisa trocar a ração do seu Labrador para uma ração sênior assim que ele completar sete anos. No entanto, antes que ele complete oito anos, vale a pena ter como objetivo fazer essa transição gradualmente. O ideal é fazer isso ao longo de várias semanas.

Exames de Saúde para Cães Idosos

Seu veterinário de confiança será extremamente valioso nos anos de velhice do seu Labrador, e não deve ser procurado apenas quando há um problema. Como destacado no Capítulo 11, os cuidados preventivos de saúde são muito importantes, pois a prevenção é sempre melhor que a cura. É aqui que entram os exames de rotina para cães idosos, que devem se tornar parte rotineira dos cuidados de saúde do seu cão a partir dos oito anos de idade.

Os exames de rotina para cães idosos são feitos uma ou duas vezes por ano, para garantir que seu cão sênior não apresente sinais precoces de doenças degenerativas. Nesses exames, o veterinário começará realizando um exame clínico completo no seu Labrador. Ele verificará os dentes do seu cão quanto à presença de tártaro, e pode recomendar um procedimento odontológico de limpeza, como discutido no Capítulo 9, se os dentes estiverem sujos. Ele também examinará os olhos, ouvidos, pelagem, coração, pulmões e abdômen do seu Labrador. Finalmente, como os Labradores são propensos a desenvolver artrite quando idosos, o veterinário manipulará cuidadosamente as articulações do cão para sentir crepitação, que é uma sensação de rangido que indica do desenvolvimento de artrite.

Após um exame clínico completo, o veterinário pode coletar uma amostra de sangue para verificar os órgãos vitais do seu Labrador, como rins e fígado, e também pode solicitar uma amostra de urina, que ajudará na interpretação dos resultados. Um exame de sangue também pode detectar sinais precoces de certos tipos de câncer, bem como problemas endócrinos e alterações nas células sanguíneas.

Se houver resultados que indiquem que o coração ou os rins do seu cão estão comprometidos, é provável que o veterinário também realize um exame de pressão arterial e, possivelmente, um ultrassom. No entanto, esses exames não fazem parte dos exames de rotina principais para cães idosos.

Finalmente, se seu cão estiver tomando alguma medicação de uso contínuo, o veterinário pode revisá-la e ajustar a dose, se necessário.

Ao levar seu Labrador para um check-up uma ou duas vezes por ano, você pode ficar tranquilo de que não há problemas de saúde que não tenham sido detectados e que possam estar afetando o bem-estar do seu cão. Labradores são cães resistentes e sempre querem agradar. Por isso, é comum que eles escondam sinais de doença ou desconforto nos estágios iniciais.

Artrite Avançada

Como discutido brevemente no Capítulo 12, a artrite geralmente decorre de uma condição articular subjacente, como trauma, displasia articular ou osteocondrose. No entanto, ela também pode ser causada por forças anormais sendo exercidas sobre uma articulação normal, como carregar peso extra ou realizar exercícios repetitivos e extenuantes.

A artrite é uma doença degenerativa que afeta a articulação. Existe um equívoco comum de que a doença afeta a cartilagem articular. Na verdade, a cápsula articular, o osso subcondral sob a cartilagem, o líquido articular e a cartilagem articular são todos afetados de maneiras diferentes. À medida que a articulação degenera, a cartilagem se torna mais fina, o osso subcondral não tolera tanto impacto, o líquido articular se torna mais fino e com menor volume, e a cápsula articular fica inflamada. Tudo isso leva a uma articulação dolorosa e não funcional.

A melhor maneira de gerenciar a artrite é com um tratamento multimodal. Isso significa que fazer apenas uma coisa não vai ajudar. Se seu Labra-

Foto cortesia de Hanna Koskinen

dor não tiver outros problemas de saúde, seu veterinário pode prescrever anti-inflamatórios para ajudar as articulações. Além disso, se seu Labrador estiver com sobrepeso, isso deve ser tratado imediatamente, e ele deve ser colocado em uma dieta. Suplementos articulares também podem ajudar a melhorar a articulação, incluindo óleos ômega (para melhorar a viscosidade e o volume do líquido articular, além de proporcionar efeitos anti-inflamatórios naturais) e glucosamina ou condroitina (para melhorar a composição da cartilagem e do líquido articular).

Você também pode considerar terapias complementares para ajudar seu cão a se manter ativo. Fisioterapeutas veterinários podem recomendar exercícios para fazer em casa, para manter seu cão alongado e flexível, além de oferecer hidroterapia, que é uma ótima maneira para seu Labrador se manter em forma sem colocar mais pressão sobre as articulações. Veterinários com treinamento especializado também podem realizar acupuntura, que é uma excelente modalidade de alívio da dor sem a necessidade de medicamentos. Finalmente, o óleo de CBD está se tornando popular para controlar a dor. No entanto, você precisa ter cuidado para comprar um óleo de alta qualidade para garantir que não haja substâncias psicoativas nele.

Foto cortesia de Carmel Wake

Demência

Cães idosos podem desenvolver uma condição chamada "disfunção cognitiva canina", que é semelhante à demência em humanos. Abreviadamente, é conhecida como DCC. Não há prevenção ou tratamento para essa doença. No entanto, existem algumas opções para ajudar a melhorar a qualidade de vida do seu Labrador se ele desenvolvê-la.

A DCC causa um entorpecimento do cérebro. Você pode notar que seu Labrador idoso está dormindo mais que o normal, parecendo atordoado ou confuso, e que ele regrediu no adestramento sanitário e passou a fazer as necessidades em locais inadequados. A boa notícia é que existe medicação para melhorar o fluxo sanguíneo para o cérebro, o que ajuda a trazer mais oxigênio para as células cerebrais. Isso permite que elas funcionem melhor e, muitas vezes, dá aos cães idosos que sofrem com DCC uma segunda chance para viver bem.

Deterioração dos Órgãos

Durante a vida de qualquer cão, os rins e o fígado são dois órgãos que trabalham extremamente duro para filtrar e remover produtos residuais do corpo. Como resultado, eles podem começar a se deteriorar quando o cão atinge a terceira idade. Isso é particularmente evidente em Labradores, pois medicamentos para alívio da dor acabam forçando ainda mais o fígado e os rins. Como muitos Labradores têm displasia articular ou artrite, o uso de medicamentos por longos períodos é comum.

Os sintomas podem incluir perda de apetite, vômitos, aumento da sede e da micção. Além disso, doenças hepáticas podem causar icterícia, que se apresenta como gengivas amareladas, e doenças renais podem causar anemia, que se apresenta como gengivas pálidas. O veterinário avaliará a saúde dos órgãos internos do seu Labrador através de um exame de sangue e, se estiver preocupado, poderá realizar um exame de ultrassom.

Existem excelentes rações disponíveis para o manejo de doenças renais e hepáticas em cães idosos, que é o principal método de tratamento. Elas reduzem a pressão sobre esses órgãos para trabalhar arduamente na filtragem de produtos residuais. Além disso, existem medicamentos disponíveis para ajudar a melhorar a eficiência desses órgãos, que um veterinário poderá fornecer.

Outro órgão que pode apresentar alterações degenerativas é o coração. O coração é um órgão vital no corpo. Ele bombeia sangue para garantir que todas as células recebam oxigênio e nutrientes para poder funcionar. Às vezes, em cães mais velhos, as válvulas dentro do coração podem começar a vazar. Isso pode levar a problemas como refluxo e congestão. Os sintomas incluem apatia, desmaios, tosse e falta de ar. A administração precoce de remédios para o coração pode reduzir a pressão sobre esse órgão, aumentando significativamente a expectativa de vida e o prognóstico do seu cão.

Ao lado do coração estão os pulmões. Normalmente, o tecido pulmonar é bastante elástico, o que permite que ele se expanda e contraia à medida que o ar é inspirado e expirado. Os pulmões de um cão mais velho tornam-se mais fibrosos com a idade, o que significa que não se expandem tão bem. Geralmente, esta é apenas uma condição incidental que cães idosos desenvolvem, e não os afeta de forma alguma, mas também pode levar a uma incapacidade de combater infecções. Portanto, cães mais velhos têm maior probabilidade de desenvolver infecções pulmonares se expostos, em comparação com cães mais jovens.

A maioria dos cães idosos desenvolverá algum grau de degeneração de órgãos quando forem mais velhos. No entanto, com exames de rotina, isso pode ser detectado rapidamente.

Perda dos Sentidos

Além dos órgãos gradualmente se deteriorarem, os sentidos de um cão também podem ser afetados pela velhice. A perda dos sentidos não causará doenças no seu cão, nem encurtará a vida dele. No entanto, pode afetar a qualidade de vida dele até certo ponto.

Os sentidos mais comuns a se deteriorarem são a audição e a visão. Felizmente, é muito raro um cão perder o olfato, o que é bom, já que seu Labrador provavelmente adora passear com o nariz no chão, captando todos os tipos de cheiros.

Surpreendentemente, os cães se saem extremamente bem sem a visão. Se acontecer repentinamente, pode levar um tempo para seu cão se ajustar. No entanto, se for gradual, muitos tutores nem percebem que seus cães não estão mais enxergando, seja de forma total ou parcial. As razões mais comuns pelas quais os cães perdem a visão são a catarata e a atrofia da retina, ambas discutidas no Capítulo 12. A maioria dos cães idosos desenvolverá esclerose nuclear em suas lentes, o que pode parecer catarata. No entanto, a opacidade que ela cria não é totalmente opaca, e seu cão pode conseguir enxergar através dela. Se seu Labrador começar a perder a visão, é uma boa ideia ensiná-lo a lidar com isso desde cedo. Como discutido anteriormente, Labradores são excepcionalmente adestráveis. Ensinar comandos como "devagar", "espere", "vire" e "pare" evitará que seu cão se meta em problemas. Ele também será capaz de navegar pela casa com facilidade, graças à sua excelente memória espacial, desde que você mantenha os móveis no mesmo lugar.

Por outro lado, a perda de audição é um pouco mais difícil de gerenciar. É uma boa ideia se preparar para a perda auditiva em algum momento da vida do seu cão. Portanto, quando você ensinar comandos a ele quando filhote, sempre combine um comando de voz com um sinal. Dessa forma, se seu cão perder parte ou toda a audição, ele ainda conseguirá entender você. A perda auditiva geralmente é gradual, e é provável que você não perceba que ele está perdendo a audição até que esteja bastante avançada. Infelizmente, não há nada que possa ser feito para regenerar a audição do seu Labrador, mas ele ainda pode viver uma vida feliz sem ela.

Controle da Bexiga

O controle da bexiga é algo com que muitos tutores de cadelas podem ter problemas quando elas ficarem idosas. É comum que fêmeas castradas percam o controle da bexiga em maior ou menor grau, pois o estrogênio desempenha um papel importante na contração do esfíncter na saída da bexiga. Portanto, se a cadela não teve muitos hormônios durante sua vida, ela pode apresentar escapes de urina quando for mais velha.

Outra causa importante de escapes ou perda de controle da bexiga é quando o cão tem artrite na coluna lombo-sacra. Mesmo que este não seja um local comum para Labradores desenvolverem artrite, eles ainda estão em maior risco do que outras raças. Os nervos que saem da medula espinhal nesta área são os que inervam o esfíncter e os músculos da bexiga. A compressão desses nervos levará à perda de controle.

Determinar a causa por trás da perda de controle da bexiga é essencial quando o assunto é tratamento. Existem vários medicamentos disponíveis que ajudam a melhorar o controle da bexiga se for devido à falta de hormônios; no entanto, se a razão for devido à coluna, não há muito que possa ser feito. Fraldas para cães estão disponíveis para proteger os móveis da sua casa e ainda permitir que seu cão incontinente possa transitar pelos cômodos.

Se seu cão apresentar muitos escapes de urina, é importante que a área seja lavada pelo menos uma vez por dia, para evitar queimaduras de urina. Por questões de higiene, o pelo também deve ser mantido curto nessa área.

Dizendo Adeus

Dizer adeus a um cão nunca é fácil, e tomar a decisão de sacrificar seu Labrador não costuma ser algo simples. Muitas doenças degenerativas, como artrite e deterioração de órgãos, são de natureza crônica e, portanto, alguns dias serão bons e outros ruins. Mas, em geral, você deve monitorar a qualidade de vida do seu companheiro peludo. Se ela piorar, isso pode ser um indicador de que está na hora.

Isso pode ser feito através de algumas perguntas básicas:

1. Seu cão ainda está feliz e abanando o rabo regularmente?

2. Seu cão ainda está ansioso para comer? (o que, obviamente, é muito importante para um Labrador)

3. Seu cão ainda interage como costumava fazer?

4. Seu cão ainda consegue realizar atividades normais do dia a dia?

Se a resposta a qualquer uma dessas perguntas for não, a qualidade de vida dele está comprometida e, dependendo do motivo e do prognóstico, considerar a eutanásia pode ser a melhor opção.

A eutanásia pode parecer um tema triste. No entanto, ela deve ser vista como um último ato de amor que você pode dar ao seu Labrador. A eutanásia é uma maneira de acabar com o sofrimento de forma digna. É um procedimento indolor, onde uma overdose de anestésico é administrada em uma veia na pata. Não dói, e seu Labrador não sentirá nenhum tipo de sofrimento. Alguns veterinários dão uma dose de sedação antes do procedimento; no entanto, isso nem sempre é necessário para garantir que o procedimento ocorra sem problemas.

A injeção pode ser feita na clínica veterinária, mas muitos veterinários irão até sua casa se você preferir que seu Labrador fique em seu próprio ambiente, o que pode ser bom para reduzir o estresse. Pode haver alguns espasmos musculares após a injeção, ou um reflexo que faz com que o cão pareça estar tomando um fôlego profundo, mas essas são coisas naturais que acontecem depois que o cão já faleceu. Elas não são indicações de que algo deu errado. O veterinário confirmará o falecimento verificando os batimentos cardíacos com um estetoscópio.

Depois que seu Labrador falecer, o veterinário poderá oferecer serviços de cremação. As cinzas podem ser devolvidas a você ou espalhadas em um crematório para animais de estimação. Por outro lado, você pode desejar levar seu Labrador para casa para um sepultamento doméstico.

Dizer adeus ao seu cão é muito difícil, mesmo quando você sabe que vai acontecer e que é a coisa certa a fazer. No entanto, este é o melhor momento para lembrar de todas as coisas maravilhosas que você viveu com seu Labrador e celebrar vida dele com todos que o conheceram.